일본의 대표적인 재미있는 옛날이야기 18편!

日本의 옛날 이야기
18편을 1시간에 읽는다!

日本の昔話

김인현 · 김정구 편저

제이앤씨
Publishing Corporation

🌸 머리말

　　이 책은 **일본의 대표적인 옛날이야기**인 1. 一寸法師 2. 金太郎 3. 桃太郎 4. 浦島太郎 5. 二人のけちんぼう 6. 鶴の恩返し 7. 舌切りの雀 8. 一人の侍 9. こぶとりの爺さん 10. 猿と熊 11. 笑い話 12. 頭に柿の木 등 18편의 재미있고 유명한 일본의 옛날이야기를 선택하여 현대표현으로 수정·보완하고, 한국어로 대역하였습니다. **日本語を知る 코너**에서는 기본회화, 관용구, 속담, 외래어, 동음이의어, 반대어, 한·일어 한자비교, 일본인의 姓氏 등과 독해력 응용편에 6편의 재미있는 이야기를 실어 한국어와 일본어의 학습자들에게 도움이 되도록 구성하였습니다.

　　특히, **부록**에서는 면접시험에 자주 나오는 한국의 관광지를 자세히 소개하고, 일본의 속담과 중요한 어휘를 종합 정리하여, 효과적인 학습효과를 얻을 수 있도록 만들었습니다.

　본 교재를 활용하여 독자 여러분이 일본어를 마스터 하는데 큰 도움이 되었으면 하는 바람입니다.

　본 교재가 나오기까지 수고해준 강도강, 나영식, 배성주, 선종민, 김현선 군과 대학원생들, 한중덕 선생님, 오카히사상에게도 고마움을 전하는 바입니다.

2006. 10 편저자 씀

🌼 목 차

【제1장】일본의 대표적인 전래동화(독해편) 5

1. 一寸法師 / (有声音・無声音) 7

2. 金太郎 / (外来語) 43

3. 桃太郎 / (基本会話) 59

4. 浦島太郎 / (12支干) 85

5. 二人のけちんぼう / (詩・歌) 97

6. 鶴の恩返し / (天気、身体の名称) 105

7. 舌切りの雀 / (家族) 121

8. 一人の侍 / (韓・日漢字比較) 139

9. こぶとりの爺さん / (常用漢字) 145

10. 猿と熊 / (日本人의 姓氏) 161

11. 笑い話 / (けち比べ) 167

12. 頭に柿の木 / (ことわざ) 179

【제2장】일본의 대표적인 전래동화(응용편) 191

13. ねずみの嫁入り 193

14. うば捨て山 197

15. かぐやひめ 201

16. ぶんぶく茶がま 205

17. かちかち山 209

18. 花さがじいさん 213

【부 록】면접과 각종 시험에 자주 나오는 중요문제 217

◆ 오십음도표(五十音図表) ◆

あ	か	さ	た	な	は	ま	や	ら	わ	ん
ア	カ	サ	タ	ナ	ハ	マ	ヤ	ラ	ワ	ン
a	ka	sa	ta	na	ha	ma	ya	ra	wa	ng
아	카	사	타	나	하	마	야	라	와	○
い	き	し	ち	に	ひ	み	い	り	ゐ	
イ	キ	シ	チ	ニ	ヒ	ミ	イ	リ	ヰ	
i	ki	si	tsi	ni	hi	mi	i	ri	i	
이	키	시	찌	니	히	미	이	리	이	
う	く	す	つ	ぬ	ふ	む	ゆ	る	う	
ウ	ク	ス	ツ	ヌ	フ	ム	ユ	ル	ウ	
u	ku	su	tsu	nu	hu	mu	yu	ru	u	
우	쿠	수	쯔	누	후	무	유	루	우	
え	け	せ	て	ね	へ	め	え	れ	ゑ	
エ	ケ	セ	テ	ネ	ヘ	メ	エ	レ	ヱ	
e	ke	se	te	ne	he	me	e	re	e	
에	케	세	테	네	헤	메	에	레	에	
お	こ	そ	と	の	ほ	も	よ	ろ	を	
オ	コ	ソ	ト	ノ	ホ	モ	ヨ	ロ	ヲ	
o	ko	so	to	no	ho	mo	yo	ro	o	
오	코	소	토	노	호	모	요	로	오	

제 1 장
일본의 대표적인 전래동화(독해편)

첫

번째

이야기

1. 一寸法師

　それほど古くない昔1)、大阪の難波2)という所に、子供の
ない優しい夫婦が住んでいました。

　殊に夫婦は40歳になっても子どもがいないことをたいへ
ん悲しんでいました。

　毎日のように朝早く、夫婦は住吉神社の大明神様にお願
いをしました3)。

　「明神様4)、お願いでございます5)。どうか、私たちに子
どもをおさずけくださいませ6)。たとえ、指くらいの小さ
な子でも、結構でございます。」

---

1) それほど古くない昔 : 그리 멀지 않은 옛날(※『御伽草子』에 수록되어 있는 원
　전에는 「中ごろ」로 표기되어 있으나, 이를 교과서를 위시한 대개의 독본들이 현
　대어역한 것임)
2) 難波 : 大阪府 부근의 지명
3) (お)願いをする : 소원을 빌다, 기원하다(お祈りをする)
4) 明神 : 신(神)의 존칭, 여기서는 住吉神社의 大明神을 일컬음.(※住吉神社 : 원
　래 摂津(지금의 大阪府 북서부와 兵庫県 남동부에 해당) 지방의 궁성으로서 현
　재는 大阪府大阪市住吉区에 위치하고 있음.)
5) …ございます : 「ある(있다)」, 「-だ/-である(-이다)」의 공손한 말
6) (お)…くださいませ : …하옵소서 (※「お」,「ご」를 수반한 동사의 「-ます」형(연
　용형)이나 동작성을 띤 한어(漢語)에 붙어 「호의적으로 …하시다」라는 기분을
　나타냄. 「-ませ」는 조동사 ます의 명령형 「-ください」에 경의를 나타내기 위해
　붙이는 공손한 말)

1. 잇슨보시
(꼬마 도령)

그리 멀지 않은 옛날, 오사카의 나니와라고 하는 곳에 아이가 없는 착한 부부가 살고 있었습니다.

특히, 부부는 40이 되도록 아이가 없는 것을 몹시 슬퍼했습니다. 매일 아침 일찍, 부부는 스미요시 진자의 대명신에게 소원을 빌었습니다.

"천지신명이시여, 기원하옵나이다.

부디, 저희들에게 아이 하나만 점지해 주시옵소서.

설령 손가락 만한 아이라도 괜찮사옵니다."

ふたりは手をあわせ一生懸命にお祈りをしました。

すると、奥さんのおなかに子どもができて、とうとう、ほんとうに指ほどの小さな男の子が生まれました。

とても小さい子ども背が一寸(約3センチ)だったので、夫婦は、赤ちゃんに、「一寸法師」という名前をつけて7)、かわいがって育てました。

男の子も元気いっぱいに育ちました。

しかし、いくら食べさせても8)、いくら大事にしても、一寸法師の体は少しも大きくなりませんでした。

それに、道を歩いていると、村の人たちにいつも、

「お〜い、ちび。ちびめ!」

と馬鹿にされて9)いました。しかし、つまらない10)ことで、けんかをする11)思いはなかった一寸法師は、相手になりませんでした12)。

---

7) 名前をつける : 이름(을) 짓다
8) いくら…ても/でも : 아무리 …해도
9) 馬鹿にされる : 놀림받다, 바보취급 당하다, 무시당하다
10) つまらない : 하찮다, 시시하다(=くだらない), 사소하다
11) けんかをする : 싸움(을) 하다, 다투다
12) 相手になる : 상대가 되다

두 사람은 두 손을 모아 열심히 기도를 하였습니다. 그러자, 부인의 배속에 아이가 생겨, 마침내 정말로 손가락 크기정도의 조그마한 사내아이가 태어났습니다.

너무도 작은 아이 키가 1촌(약 3cm) 이였기 때문에, 부부는 아기에게 '잇슨보시'라는 이름을 지어 주고, 귀여워하며 키웠습니다. 사내아이도 건강하게 자랐습니다.

그렇지만, 아무리 잘 먹이고 애지중지 해 봐도, 잇슨보시의 몸은 좀처럼 커지지 않았습니다.

게다가, 길을 걷고 있노라면 마을 사람들에게 항상,

"여~, 꼬맹이. 땅꼬마야!"라고 놀림을 당했습니다.

그러나, 사소한 일로 싸움을 할 생각이 없었던 잇슨보시는 상대를 하지 않았습니다.

年月を経て13)家にいるだけでは、一寸法師は毎日退屈でたまらなくて14)、旅に出かける15)ことにしました。

自分の知らないことを、もっと見たり、聞いたりして、いろいろのことを学んでみたくなったのです。ある日、「おとうさん、おかあさん、都に行ってみたいと思います。」

「まあ、きゅうに、なにをいうの……。

そこへ行って、どうするつもりなんだね。」

「はい、なにかいい仕事を見つけ、立派な人になりたいのです。」

「そうか……、おまえは、なりは小さいが、なかなか利口者16)だから……。では、行きなさい。」

お父さんも、お母さんも、とてもさびしいけれどしかたがなく、許してくれました。

一寸法師は、さっそく支度にかかりました17)。

---

13) 年月を経る : 세월이 지나다
14) 退屈でたまらない : 따분해서[지루해서] 견딜 수 (가) 없다
15) 旅に出かける : 여행(길)을 떠나다
16) 利口者 : 영리한[똑똑한] 사람
17) 支度にかかる : 준비를 시작하다[착수하다]

  세월이 지나자 집에 있는 것만으로는, 잇슨보시는 매일 따분해 견딜 수가 없어서, 여행을 떠나기로 했습니다. 자기가 알지 못하는 것을 좀더 보고 듣고 하여, 여러 가지 일을 배워보고 싶어졌던 것입니다.

  어느 날, "아버지, 어머니, 교토에 가보고 싶습니다."

  "아니, 갑자기 무슨 소리를 하느냐……?

  그곳엔 가서, 무엇을 어떻게 할거야?"

  "예, 뭔가 좋은 일거리를 찾아, 훌륭한 사람이 되고 싶습니다."

  "그래? …… 너는 몸집은 작지만, 꽤나 영리한 아이이므로……. 그럼 가봐라."

  아버지와 어머니 모두 매우 슬펐지만 하는 수 없이 허락해 주었습니다.

  잇슨보시는 그 즉시 출발할 준비에 들어갔습니다.

「けど、京都はおまえには危ないところだね。

これなら、おまえにぴったり18)だろうね。」

おかあさんは、針を一本やりました。一寸法師は、麦わらで、刀のさや19)を作って、腰に差しました。

そして、おかあさんは、お椀とお箸を出しました。

「川があれば、お椀を舟にし、お箸を櫂にして、ちょうどいいだろう……。」

いよいよ出発の朝、おとうさんとおかあさんは、村はずれ20)まで、見送りに来ました21)。

「では、おとうさん、おかあさん、行ってまいります。

ご機嫌よう22)。」

「からだに気をつけて23)、行っておいでね。」

一寸法師は、おわんを傘のかわりにかぶって、元気よく都にむかいました。朝晩歩きつづけて、住吉の川べりにつきました。

---

18) ぴったり : 꼭, 딱, 꽉…(빈틈없이 꼭 들어맞는 모양

19) (刀の)さや : 칼집

20) 村はずれ : 동구 밖, 마을의 변두리

21) 見送りに来る : 배웅(을 하러) 나오다

22) ご機嫌よう : 안녕히 계십시오[가십시오](작별 인사말)

23) 気をつける : 주의[조심]하다, 정신차리다

"그렇지만, 교토는 너에겐 위험한 곳이란다.

이거라면, 네게 꼭 맞겠구나."

어머니는 바늘 한 개를 주었습니다. 잇슨보시는 보릿짚으로 칼집을 만들어 허리춤에 찼습니다.

그리고 어머니는 공기그릇과 젓가락을 내주었습니다.

"강이 있으면 공기그릇을 배로 하고, 젓가락을 노를 저으면 꼭 좋을 것이야……."

드디어 출발일 아침, 아버지와 어머니는 마을 밖까지 배웅을 나왔습니다.

"그럼, 아버지 어머니 다녀오겠습니다. 안녕히 계십시오."

"몸 조심해서 다녀오려무나."

잇슨보시는 공기그릇을 우산 대신에 쓰고, 힘차게 교토로 향했습니다. 아침저녁으로 걷기를 계속하여, 스미요시의 강변에 도착했습니다.

　一寸法師はかぶっていたおわんを舟にして、おはしのつえをかいにして、力いっぱい川をこぎあがって24)行きました。川をさかのぼって25)いくのですから、ぐんぐん26)こいでも、少ししか進みません。それに、近くを大きな舟が通ると、おわんの舟は大きく揺れました。

　苦労しながら、いく日も力いっぱい川をこぎとおして、ようやく三重県の鳥羽という所につきました。舟から上がると京都の町は、すぐ隣で、にぎやかな27)町でした。

　大きな橋のところに来ると、おおぜいの人がその橋を渡っていました。そして、馬と車もたくさん通っていました。

「すごい！やっぱり、都は素晴らしいだなあ。」

　一寸法師は目を丸くしました28)。けれども、人々でこんでいる都の道は小さな一寸法師にとって危ない場所でした。

　「つぶされないように気をつけよう……。」

---

24) こぎあがる : 저어 오르다[-올라가다]

25) さかのぼる : 거슬러 올라가다

26) ぐんぐん : 부쩍부쩍, 쭈욱쭉(힘차게 진행하거나 성장하는 모양)

27) にぎやか(だ) : 활기참, 흥청거림, 번화함

28) 目を丸くする : (놀라서) 눈을 휘둥그렇게 뜨다

잇슨보시는 쓰고 있던 공기를 배로 삼고, 젓가락 지팡이는 노로 하여, 기운차게 강을 저어 올라갔습니다.

강을 거슬러 올라가는 것이었기 때문에, 쭉쭉 저어봐도 조금밖에 나아가질 않습니다. 게다가, 근처를 큰배가 지날라치면, 공기 배는 크게 요동쳤습니다. 고생하면서 며칠 동안 있는 힘을 다해 저어가다가 겨우 미에현의 도바라는 곳에 도착하였습니다.

뭍에 오르니, 교토 시내는 지척이었습니다.

북적거리는 거리였습니다. 커다란 다리가 놓인 곳에 오자, 수많은 사람들이 그 다리를 건너고 있었습니다.

그리고 말이며 수레 또한 많이 오가고 있었습니다.

'굉장해! 과연, 교토는 대단하구나~.'

잇슨보시는 눈이 휘둥그래졌습니다.

그렇지만, 사람들로 붐비는 교토의 거리는, 자그마한 잇슨보시에게는 위험한 곳이었습니다.

'밟혀 짓이겨지지 않도록 조심해야겠는데…….'

と思いながら歩きました。ぞろぞろ29)通る人々の、げたの間をくぐり抜けながら30)三条の通りまで来ました。そこは、とても静かでりっぱな屋敷が建ち並んで31)いました。その中でも、とくに目だって32)大きい、りっぱな屋敷33)がありました。

「きっと、このへんで、いちばん偉いかたが住んでいるお屋敷にちがいない。」

一寸法師は、そう思いました。

「自分が立派な人になるには、はじめに偉い人の家来にしてもらうことだ。」

と、いつも考えていた一寸法師は、すぐに大きな門の中へ入って行きました。

「ごめんくださ～い。だれかいらっしゃいませんか。」

広い玄関の前に立って、一寸法師はおもいっきり大きな声でいいました。すると、まもなく34)、家来がやってきました。

---

29) ぞろぞろ : 줄줄, 우르르(많은 사람이 줄지어[무질서하게] 움직이는 모양)

30) くぐり抜ける : 빠져나가다, (곤란 따위를) 헤쳐나가다

31) 建ち並ぶ : (건물이) 줄지어 나란히 (들어)서다

32) 目だつ : 눈에 띄다, 두드러지다

33) 屋敷 : 저택(특히, 고급주택)

34) まもなく : 이윽고, 곧, 머지않아

라고 생각하며 걸었습니다. 줄지어 지나가는 사람들의 나막
신 사이를 빠져나가다가 산조 거리까지 이르렀습니다.

그곳은 매우 조용했으며, 훌륭한 저택들이 지어져 있었습
니다.

그 중에서도, 특히 눈에 띄는 크고 웅장한 저택이 있었습
니다.

'분명, 이 부근에서 가장 지체 높은 분이 살고 있는 저택
임에 틀림없어.' 잇슨보시는 그렇게 생각했습니다.

'자신이 훌륭한 사람이 되려면, 우선 존경받는 사람의 부
하가 되고 볼 일이다.'

라고 늘 생각해오던 잇슨보시는 곧바로 커다란 문안으로
들어갔습니다.

"실례합니다~. 누구 안 계십니까?"

널찍한 현관 앞에 서서, 잇슨보시는 목청껏 큰 소리로 말
했습니다. 그러자, 잠시 후 하인이 나왔습니다.

「あら、いまだれか呼んだようだが、誰もいないな。」

声が聞こえたけど、だれも見えない。ちょっとおかしい。へんな気がするな35)。一寸法師は もう 一度 大声で呼び掛けました。「はいここです、ここです。」

げたの方をのぞいてみると36)、そこには見たこともない小さな男の子がいたので、家来はとても驚きました。

四つんばいになる37)くらいに、体をかがめて38)、一寸法師の顔をのぞきこみました。

「いったいおまえは、なに者かね。」

「はい、難波から来ました、一寸法師というものです。なんでもいいですから、働かせてください。」

家来は一寸法師をつまみ上げて39)、ご主人の宰相殿40)のところに連れて行きました。宰相の前でも、一寸法師は、一生懸命に頼みました。

---

35) 気がする : 기분[느낌, 생각]이 들다
36) のぞく : (앞으로 내밀 듯) 밑을 내려다보다
37) 四つんばいになる : 넙죽 엎드리다
38) 体をかがめる : 몸을 숙이다[굽히다]
39) つまみ上げる : (손가락 등으로) 집어 올리다
40) …殿 : …님(인명·신분따위를 나타내는 말에 붙어서 그에 대한 높임말)

"아라, 지금 누군가 불렀던 것 같은데……."

목소리는 들렸는데 아무도 보이지 않네, 조금 이상한 기분이 드는데……

잇슨보시는 한번 더 큰 소리로 불렀습니다.

"여깁니다, 여기예요."

신발 쪽을 자세히 보니, 그곳에는 일찍이 본 적도 없는 조그만 사내아이가 있어서, 하인은 너무도 놀랐습니다.

땅에 엎드릴 듯이 몸을 굽혀, 잇슨보시의 얼굴을 살펴보았습니다.

"도대체 넌 누구냐?"

"예, 나니와에서 온 잇슨보시라고 합니다.

무엇이든지 괜찮으니까, 일하게 해 주십시오."

하인은 잇슨보시를 집어 올려, 주인 어르신의 거처로 데리고 갔습니다. 재상의 앞에서도, 잇슨보시는 최선을 다해 부탁했습니다.

「どうか、宰相殿の家来にしてください。

　立派な人になりたいと思って、はるばる41)、出てまいりました。」

　宰相は、「これは、面白そうな子だな。」と思いました。けれど、体は小さくても元気いっぱいの一寸法師がすっかり気に入りました42)。

　「そうか家来になりたいか。よし、使ってあげよう。」

　一寸法師は、飛びあがって喜びました。まもなく一寸法師は、お屋敷のにんきものになりました。小さいからだで、よく働きました。そのうえ、たいへん利口でよく気がつくので、

　「法師や、一寸法師！」と、みんなに、かわいがられました。

　そうして時は経ち、一寸法師は16歳になりました。

　しかし、背は元のままです。さて、宰相には十三になったかわいらしいお姫様がいました。

　お姫様は一寸法師がたいそうお気にいりでした。どこへ行くにも必ずお供43)を言いつけました44)。

---

41) はるばる : 아득히 먼 모양, 멀리서 오[가]는 모양
42) 気に入る : 마음에 들다(↔気にくわない)
43) お供 : 모시고 따라감, 또는 그 사람(수행인)

"아무쪼록, 재상님의 부하로 삼아 주십시오. 훌륭한 사람이 되고 싶어서, 먼 길을 떠나왔습니다."

재상은 '이거, 재미있는 아이로군.'

하고 생각했습니다. 그렇지만, 체구는 작아도 활기가 넘치는 잇슨보시가 대단히 마음에 들었습니다.

"그렇게 부하가 되고 싶느냐. 좋아, 써보도록 하지."

잇슨보시는 뛸 듯이 기뻤습니다. 얼마 지나지 않아, 잇슨보시는 저택의 재롱둥이가 되었습니다.

자그마한 몸집으로 일을 잘 했습니다.

게다가 아주 영특해서 눈치가 빨랐으므로,

"꼬마도령, 잇슨보시!"라 불리면서 모두에게 귀여움을 받았습니다.

그럭저럭 세월은 흘러서, 잇슨보시는 16살이 되었건만 키만은 예전 그대로입니다.

그런데, 재상에게는 13살의 귀여운 따님이 있었습니다. 주인아가씨는 잇슨보시가 아주 마음에 들었습니다.

어디를 가더라도, 반드시 동행하도록 분부해 두었습니다.

---

44) 言いつける : 분부하다, 명령하다

　お姫様の前で一寸法師は踊ったり、歌ったりしました。とても上手だったので、みんなはびっくりしました。

　そして、本をめくったり45)、墨をすったりして46)お姫様の手伝いをして47)過しました。言うまでもなく48)、針で刀の練習も熱心にしました。

　ある日、お姫様は清水寺に観音様をお参りに出かけました49)。お屋敷を出るとき、いつものように一寸法師を連れて行きました。

　「私がお姫様をお守りします。」

と、一寸法師は、腰にさした針の刀をしっかりと握りしめるのでした。お参りも無事にすで帰ろうとしたときです。

　突然、気味悪い風が吹きまくって50)きます。

　まわりを見ましたが人が住んでいるようには見えません。

---

45) 本をめくる : 책(장)을 넘기다

46) 墨をする : 먹을 갈다

47) 手伝いをする : 돕다, 거들다(=手伝う)

48) 言うまでもなく : (더) 말할 것도 없이

49) お参りに出かける : 참배하러[불공드리러] 나서다

50) 吹きまくる : (바람이) 세차게 불어대다, 휘몰아치다

　아가씨 앞에서 잇슨보시는 춤도 추고, 노래를 부르기도 했습니다. 너무나도 잘 했기 때문에, 모두들 놀라워했습니다. 그리고, 책장을 넘기거나 먹을 갈아주는 등 아가씨의 일을 도우며 지냈습니다.

　물론, 바늘로 검술 연습도 열심히 했습니다.

　어느 날, 주인아가씨는 키요미즈테라로 관세음보살님께 불공을 드리러 집을 나섰습니다.

　저택을 나올 때, 여느 때처럼 잇슨보시를 데리고 갔습니다.

　"제가 아가씨를 지켜드리겠습니다."

라며, 잇슨보시는 허리에 찬 바늘 칼을 굳게 움켜쥐었습니다. 예불도 무사히 마치고, 돌아오려고 할 때였습니다.

　별안간, 음산한 바람이 불어닥칩니다. 주위를 둘러보았지만, 사람이 살고 있을 것 같지는 않습니다.

どうしようかと思い迷って51)いると、どこからともなく
二匹の鬼があらわれました。まもなく、手に小槌を持って
いる鬼がお姫様をさらおうと52)します。

お姫様は「キャーッ！」

と叫んで倒れてしまいました。一寸法師は、

「待てっ、おにめ！お姫様に、なにをするのだ。

この方は、三条の宰相殿のお姫様だ！」

と叫びながら、鬼の前に立ちはだかりました53)。

鬼はあたりを見回しながら笑いだしました。

「ワハハハッ！どこで声がするのかと思ったら、そこにい
たのか、ちびすけめ。おまえなんか、ひと口に呑んで54)や
るぞ。」

しかし、一寸法師はいっそう顔を上げて「こら、ぼくは一
寸法師だ！ぼくが相手になる。覚悟しろ。」と力いっぱいど
なるが早いか腰に差していた針の刀を抜き放ちました55)。

---

51) 思い迷う : 갈피를 못 잡다, 마음이 결정되지 않다

52) さらう : 채다, 날치기하다

53) 立ちはだかる : (앞길을) 가로막(아서)다

54) ひと口に呑む : 한 입에 삼키다

55) 抜き放つ : 단숨에 칼을 뽑다, 힘차게 빼어들다

어떻게 할까 갈팡질팡하던 차에, 어디선가 두 마리의 도깨비가 나타났습니다. 이윽고 손에 방망이를 들고 있던 도깨비가 아가씨를 납치하려 듭니다.

아가씨는, "꺄악~!"

하고 소리치며 쓰러지고 말았습니다. 잇슨보시는

"멈춰라, 도깨비! 우리 아가씨에게 무슨 짓을 하는 거냐. 이 분은 산조 재상님댁의 주인아가씨이시다!"

라고 외치면서 도깨비 앞을 가로막아 섰습니다.

도깨비는 주위를 둘러보고는 웃기 시작했습니다.

"우하하핫! 어디서 나는 소린가 했더니, 거기 있었나, 요 꼬맹아. 너 따위는 한 입에 삼켜주마."

그러나, 잇슨보시는 더욱 더 얼굴을 쳐들고,

"이놈, 나는 잇슨보시다! 내가 상대해 주겠다.

각오해라!"하면서, 힘주어 호통치기가 무섭게 허리에 차고 있던 바늘 칼을 빼들었습니다.

「ガッハハハ！なんだ、おまえは豆つぶ56)みたいなやつだな。そんなに小さなおまえになにができる。

このちびめ。」

鬼は一寸法師を指でつまみあげて、

「おまえなんか食べたって腹いっぱいにならんがな。」といいながら、大きな口の中へポイッ！と放りこんで57)しまいました。けれど、一寸法師はするするっと58)、のどをすべっておなかの中へ入りこみました59)。やがて、

「いたたたっ、いた〜い！おなかがいたいよ〜。

たすけて〜っ。」

突然、鬼は、おなかをかかえて苦しみだしました。

まっくらな鬼のおなかの中を、あっちこっちと駆け回って60)針の刀でちくちく61)と、突き刺した62)からです。

鬼は叫び声を上げましたが、

---

56) 豆つぶ：콩알

57) 放りこむ：(아무렇게나) 넣다

58) するする：스르르, 주르르(미끄러지는[빠지는] 모양)

59) 入りこむ：속으로[깊숙이] 파고 들어가다

60) 駆け回る：(이리저리) 뛰어다니다

61) ちくちく：콕콕(뾰족한 것으로 찌르는 모양)

62) 突き刺す：(날카로운 것으로) 푹 찌르다

"으하하하! 뭐냐, 너는? 콩알만한 녀석이잖아. 그렇게 작은 네가 무얼 할 수 있다는 거냐. 이 땅꼬마야."

도깨비는 잇슨보시를 손가락으로 집어 올려,

"너 같은 건 먹어봐야, 배가 부르지도 않을 테지만 말야."라면서 큰 입 속으로 휙! 던져 넣었습니다.

그러나, 잇슨보시는 쭈르르 목을 타고 미끄러져, 뱃속으로 들어갔습니다. 이윽고,

"아야 야야, 배가 아프다, 아파~. 살려줘~."

갑자기, 도깨비는 배를 움켜쥐고 괴로워했습니다.

컴컴한 도깨비의 뱃속을 이리저리 뛰어다니며 바늘로 쿡쿡 찔러댔기 때문입니다.

도깨비는 비명을 질러 보았지만,

一寸法師はもっと力いっぱい刺しつづけながら、上にのぼって行きました。

「どうだ、まいったか。」

「ハクション～。こりゃ、かなわん。」

結局、鬼は、あわてて一寸法師を鼻から噴き出しました63)。

くしゃみをした64)拍子に、外へ出てきた一寸法師は、また刀を振り上げて、もう一匹の鬼に向かいました。

「ちびのくせに、なにを。」

と、その鬼も一寸法師を呑みこもうとしました。

すると、こんどは、すばやく飛び上がって鬼のめだまをチクリ。と突き刺しました。

「あ、いたっ、痛い～。これは、たまらん。」

あまりの痛さに鬼は、ぼろぼろ涙を流しました。

「もう悪さはしないか。」

「もうしないよ。許してくれ～。」

---

63) 噴き出す：(물, 온천 등) 내뿜다, 분출하다

64) くしゃみをする：재채기를 하다

잇슨보시는 더욱 힘을 주며 찌르기를 계속하며 위로 올라갔습니다.

"어때, 항복할 테냐?"

"엣취. 이거 못 당하겠다."

결국, 도깨비는 당황하여 잇슨보시를 코로 뱉어냈습니다.

재채기를 함과 동시에 밖으로 빠져 나온 잇슨보시는, 다시 칼을 휘두르며 또 다른 도깨비에게 향했습니다.

"꼬맹이인 주제에, 어딜."

하고, 그 도깨비도 잇슨보시를 삼키려 들었습니다. 그러자, 이번에는 잽싸게 뛰어오르며, 도깨비의 눈알을 쿠욱하고 찔렀습니다.

"아얏, 아프다, 아퍼~. 이거 못 견디겠다."

너무나 아파서 도깨비는 뚝뚝 눈물까지 흘렸습니다.

"이제 못된 짓은 하지 않겠지?"

"다시는 하지 않을게. 용서해 줘~."

「強いちびだ。ただ者じゃない65)。

に…に…逃げろ。」

二匹の鬼は、こうさんして大急ぎで逃げだしました。

一寸法師は、いそいでお姫様を呼び起こしました66)。

「お姫様ご安心ください。悪い鬼はもう追いはらいました。」

お姫様が元気を取りもどして67)立ち上がると目の前になにか落ちていました。あまりにあわてて鬼が忘れて行ってしまったのです。

「あら、小さな槌が落ちていたわ。……まあ、これはうちでの小槌!68)」

助けられたお姫様は鬼が落した宝物を拾って、一寸法師に言いました。

---

65) ただ者：평범한 사람, 보통내기(↔くせ者)

66) 呼び起こす：불러서 깨우다

67) 取りもどす：되찾다, 회복[만회, 회수]하다

68) うちでの小槌：요술 방망이(무엇이든 원하는 물건의 이름을 부르면서 치면 그
  것이 나온다는 전설의 작은 방망이)

"무서운 아이다. 보통녀석이 아냐.

도… 도… 도망치자."

두 마리의 도깨비는 항복하고서 황급히 도망쳤습니다. 잇슨보시는 서둘러 아가씨를 불러 깨웠습니다.

"아가씨, 안심하소서.

나쁜 도깨비는 이미 쫓아버렸습니다."

아가씨가 다시 기운을 차리고 일어나자, 눈앞에 뭔가가 떨어져 있었습니다. 너무도 허둥대다, 도깨비가 잊고 가 버린 것입니다.

"어머, 작은 방망이가 떨어져 있네. ……

야아~, 이건 요술방망이다!"

곤경에서 풀려난 아가씨는 도깨비가 잊고 간 보물을 주워들고, 잇슨보시에게 말했습니다.

「これは鬼の大事にした宝物でほしいものをなんでも出せるのよ。これを振れば、どんなことでも願いがかなう[69]そうですよ。一寸法師、あなたがほしいのは。」

お姫様が聞くと、一寸法師は大声で答えます。

「私のほしいものはただ一つ。

普通の人の大きさの体です。」

お姫様は、小槌を振りながら言いました。

「一寸法師の体よ、大きくなあれ。

大きくなあれ。」

すると、一寸法師の体はぐんぐんのびて、とうとう立派な若者になりました。はじめは驚いてばかりいたお姫様が大きくなった一寸法師の容姿にぞっこん[70]ほれ込んで[71]しまいました。とにかく[72]ふたりはその小槌をもって、三条の屋敷へ戻ってきました。

屋敷の門を入ると、一寸法師は大きな声で、

---

69) 願いがかなう : 소원대로 되다[이루어지다]

70) ぞっこん : 마음속으로부터, 홀딱

71) ほれ込む : 반하다, (푹) 빠지다

72) とにかく : 하여간, 어쨌든

"이건 도깨비가 애지중지하던 보물인데, 원하는 건 뭐든지 만들어 낼 수 있지. 이걸 휘두르면, 어떤 것이라도 소원이 이뤄진다고들 해.

잇슨보시, 네가 갖고 싶은 건 뭐니?"

주인아가씨가 묻자, 잇슨보시는 큰 소리로 대답했습니다.

"제가 갖고 싶은 건 단 한 가지. 보통 사람 크기의 몸입니다."

아가씨는 방망이를 휘두르며 말했습니다.

"잇슨보시여, 커져라. 키가 커져라~."

그러자 저런, 잇슨보시의 몸이 쭉쭉 자라서, 마침내 훤칠한 젊은이가 되었습니다. 처음에 놀라고만 있던 아가씨는 커져 버린 잇슨보시의 용모에 쏙 빠져들고 말았습니다.

하여튼, 두 사람은 그 방망이를 가지고 산조의 저택으로 돌아왔습니다.

저택의 문을 들어서자 잇슨보시는 큰 소리로,

「お姫様のお帰りだ！」

門番が驚いて飛びだしてみると、お姫様と立派な若者と立っておりました。

「それで……、お姫様このお連れの方は、どなた様でございますか。」一寸法師は、おかしくてなりません73)。

「私だよ、一寸法師だよ。わたしの顔ぐらいは覚えているだろう。」

「なんですって、あなた様が一寸法師ですって。

年寄をからかわないで74)くださいよ。

一寸法師は、これっぽっちのちび……、そういわれれば、お顔は一寸法師にそっくり75)だ。これ、たいへんだ。」

門番はあわてて屋敷の中に駆け込むと、宰相殿に知らせました。一寸法師が大きくなって、お姫様といっしょに帰ってきたので宰相は驚いたり喜んだりしました。

---

73) おかしくてならない : 우스워서 참을 수 없다

74) からかう : 조롱하다, 놀리다

75) そっくり : 그대로(꼭 닮음, 고스란함)

"아가씨께서 돌아오셨다."

문지기가 놀라서 달려 나와보니, 주인아가씨와 멋있는 젊은이가 서 있었습니다.

"그런데…, 아가씨, 함께 오신 이 분은 누구신지요?"

잇슨보시는 우스워서 견딜 수가 없습니다.

"할아범, 나요, 잇슨보시란 말이오. 내 얼굴쯤은 기억하고 있을 테죠?"

"뭐라구요? 당신인 잇슨보시라니, 늙은이를 놀리지 마십시오. 잇슨보시는 조그만한 꼬마였어……,

그리고 보니 얼굴은 잇슨보시를 쏙 빼 닮았네 그려. 이거 큰일났군."

문지기는 허겁지겁 저택 안으로 뛰어 들어가 재상에게 알렸습니다. 잇슨보시가 커져서 아가씨와 함께 돌아왔기 때문에, 재상은 놀라는 한편 기뻤습니다.

　鬼からお姫様を助けて宝物を取ってきた一寸法師の勇ま
しい76)うわさは、たちまち77)、大王(帝)様のお耳にも入り
ました。すぐに、大王様は一寸法師を宮中に呼び寄せて78)
みました。一寸法師はうわさよりも、もっと立派な若者で
したので大王様は、これはきっとただ者ではあるまい79)、
と思われました。大王様は、そこですぐ一寸法師に、堀川
の少将80)という、りっぱな位をおさずけになりました81)。
堀川の少将になった一寸法師は、

　「どうか、お姫様をわたしのお嫁さまにくださいませ。」
と、宰相殿に頼みました。宰相は、喜んで許しました。

　そして、一寸法師は難波からおとうさんとおかあさんを
呼び寄せました。みんないっしょにいつまでも幸せに暮し
たという話です。

---

76) 勇ましい : 용감하다, 용맹스럽다

77) たちまち : 순식간에

78) 呼び寄せる : (가까이) 불러들이다, 불러모으다

79) …ではあるまい : …(가) 아닐 것이다(부정적인 추측, 당위)

80) 少将 : 옛날 근위부(近衛府 – 六衛府의 하나로, 궁중과 천황의 호위를 맡는 관
청)의 차관(次官)에 해당하는 직책)

81) お…になる : …하시다(※상대방의 신상, 행위 등을 기준으로 존경・공손・친숙
의 기분을 나타내는 말)

도깨비로부터 아가씨를 구해내고, 보물을 빼앗아 온 잇슨 보시의 무용담은 순식간에, 임금님의 귀에까지 들어갔습니다. 곧 임금님은 잇슨보시를 궁궐로 불러들였습니다.

소문보다도 더 훌륭한 젊은이였습니다. 임금님은 이는 틀림없이 보통 인물이 아닐 거라고 생각하셨습니다.

임금님은 그 자리에서 당장 잇슨보시에게 호리가와의 소장이라고 하는 높은 벼슬을 내리셨습니다.

호리가와의 소장이 된 잇슨보시는

"부디, 따님을 저의 아내로 주십시오."

하고 재상에게 청했습니다.

재상은 기꺼이 승낙하였습니다.

그리고 잇슨보시는, 나니와로부터 아버지와 어머니를 모셔왔습니다. 모두들 언제까지나 행복하게 살았다는 이야기입니다.

** 一寸法師

江戸초기에 쓰여진 『御伽草子』(☞ 出典 참조)에 수록된 단편. 주인공은 신장 약 3cm 정도의 꼬마로서, 양친이 住吉神社에서 지성으로 기도를 올린 끝에 힘겹게 얻은 사내아이(보통 「申し子」라고 일컬어짐)이다.

태생부터 보통의 인간과는 다르다는 설정 하에, 특별한 능력과 운명을 지닌 꼬마아이가 용기와 기지로써 난관을 헤쳐나가며 입신출세한다는 전형적인 小人説話(「小さな子」)이다. 이와 같은 종류의 단편들로는 「指太郎」, 「五分次郎(一寸法師의 반정도 크기)」, 「豆蔵」 등이 있다.

** 出典 : 『御伽草子』

왕조의 시대상이나 종교적 색채가 강한 내용을 주로 다뤘던 古代小説과 고대에 대한 회상이 담긴 擬古物語(鎌倉時代) 등이 쇠퇴의 길로 들어서고, 室町時代부터 근세초기에 걸쳐 보다 읽기 쉽고 통속적인 단편소설(4, 5백여 편)이 등장하였다. 이를 江戸시대 중엽(1716~35년)에 대대적으로 수집(213편)·간행하였는데, 그 당시의 명칭이 한 장르를 나타내는 용어 — 통칭하여 『御伽草子』라고 하였다. 내용은 부녀자, 유년층 등을 대상으로 한 교훈적이며 오락적인 것들이 주를 이고, 문장 또한 유치하여 문학적인 가치는 낮은 편이다. 단, 당시의 시대상이나 사람들의 감정 등을 잘 묘사한 점과, 이것이 근세초기의 『仮名草子』, 『浮世草子』 등에 영향을 주었다.

「一寸法師(庶民物)」, 「鉢かづき(公家物)」, 「酒呑童子(武人伝説物)」, 「鼠草子(異類物)」 등 유명한 단편들이 수록되어 있다.

日本語を知る①

■ 시험에 자주 나오는 유성음과 무성음의 구별

会館(회관) － 海岸(해안)		回収(회수) － 怪獣(괴수)	
加工(가공) － 化合(화합)		韓国(한국) － 監獄(감옥)	
感謝(감사) － 患者(환자)		歓声(환성) － 関税(관세)	
関東(관동) － 感動(감동)		気質(기질) － 期日(기일)	
脚光(각광) － 逆行(역행)		公共(공동) － 工業(공업)	
交渉(교섭) － 向上(향상)		高層(고층) － 構造(구조)	
高等(고등) － 行動(행동)		強盗(강도) － 合同(합동)	
荒廃(황폐) － 購買(구매)		交流(교류) － 合流(합류)	
再会(재회) － 災害(재해)		債権(채권) － 再現(재현)	
参照(참조) － 参上(찾아뵘)		司法(사법) － 脂肪(지방)	
借款(차관) － 若干(약간)		重態(중태) － 重大(중대)	
主体(주체) － 主題(주제)		信仰(신앙) － 信号(신호)	
進展(진전) － 神殿(신전)		正規(정규) － 正義(정의)	
走行(주행) － 総合(총합)		相対(상대) － 壮大(장대)	
即効(즉효) － 続行(속행)		体格(체격) － 退学(퇴학)	
対象(대상) － 大小(대소)		等級(등급) － 同級(동급)	
登校(등교) － 統合(통합)		浮力(부력) － 武力(무력)	
噴火(분화) － 文化(문화)		冒頭(모두) － 暴動(폭동)	
用法(용법) － 要望(요망)		恋歌(연가) － 煉瓦(벽돌)	

日本語を知る②

◆ 日(にち)

一日(ついたち)　二日(ふつか)　三日(みっか)　四日(よっか)

五日(いつか)　　六日(むいか)　七日(なのか)　八日(ようか)

九日(ここのか)　十日(とおか)

◆ 月(がつ)

一月(いちがつ)　二月(にがつ)　三月(さんがつ)　四月(しがつ)

五月(ごがつ)　　六月(ろくがつ)　七月(しちがつ)　八月(はちがつ)

九月(くがつ)　　　　　　　　　十月(じゅうがつ)

十一月(じゅういちがつ)　　　　十二月(じゅうにがつ)

◆ 시간표현

그저께	어제	오늘	내일	모레
一昨日 (おととい)	昨日 (きのう)	今日 (きょう)	明日 (あした)	明後日 (あさって)
지지난 주	지난 주	이번 주	다음 주	다다음 주
先々週 (せんせんしゅう)	先週 (せんしゅう)	今週 (こんしゅう)	来週 (らいしゅう)	再来週 (さらいしゅう)
지지난 달	지난 달	이번 달	다음 달	다다음 달
先々月 (せんせんげつ)	先月 (せんげつ)	今月 (こんげつ)	来月 (らいげつ)	再来月 (さらいげつ)
재작년	작년	올해	내년	내후년
一昨年 (おととし)	去年 (きょねん)	今年 (ことし)	来年 (らいねん)	再来年 (さらいねん)

두 번째 이야기

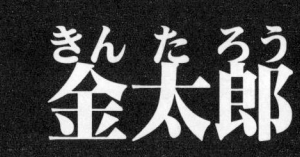

2. 金太郎(きんたろう)

　昔々、地蔵堂に四万長者[1]といわれたお金持ちがありました。この長者に一人の娘さんがいました。

　この娘さんは大変美しい人で、そして男にも負けないようなしっかりした娘さんでした。

　そのころ、いまの開成町(かいせいまち)に坂田氏(さかたし)という、大変勢力(たいへんせいりょく)の強(つよ)い侍が住んでいました。この坂田氏(さかたし)に見込(みこ)まれて[2]、そこにお嫁(よめ)に行く[3]ことになりました。

　なにしろ[4]、お金持ちの四万長者(しまんちょうじゃ)の娘(むすめ)のことですから、いくつものきれいな長持ち(ながも)[5]に立派(りっぱ)な着物(きもの)などをいっぱい入(い)れ、そのほか、大変(たいへん)なおみやげなどをたくさん持(も)って、長(なが)い長(なが)い行列(ぎょうれつ)を作(つく)ってお嫁入り(よめい)[6]をしました。

---

1) 長者(ちょうじゃ) : 부자, 부호
2) 見込(みこ)む : ① 노리다, 눈독들이다
3) お嫁(よめ)に行(い)く : 시집가다
4) なにしろ : 어쨌든, 여하튼 = とにかく
5) 長持(ながも)ち : (옷, 일상용구 따위를 넣어두는) 뚜껑이 있는 직사각형 궤
6) 嫁入(よめい)り : 시집감, 그 혼례식 ↔ 婿入(むこい)り

2. 긴타로
(김태랑)

옛날 옛날에 지장당(地藏堂)에 사만장자라고 일컬어지는 부자가 있었습니다.

이 부호에게는 딸이 하나 있었습니다.

이 딸은 매우 아름다운 사람으로, 그리고 남자에게도 지지 않을 만큼 당찬 아가씨였습니다.

그 즈음, 지금의 카이세이마찌(開成町)에 사카타씨라고 하는 매우 세력이 강한 사무라이가 살고 있었습니다.

이 사카타씨에게 눈독 찍혀서, 그 쪽으로 시집을 가게 되었습니다.

어쨌든, 사만장자나 되는 부호의 딸인 만큼, 셀 수 없이 많고 아름다운 궤에 훌륭한 옷 등을 가득 넣고, 그 밖에, 대단한 선물 등을 많이 가지고, 길고 긴 행렬을 만들며 시집을 갔습니다.

　ところが、その後訳があって、そのお嫁さんは自分の生まれた地蔵堂のお家へ帰らなければならなくなってしまいました。その時に、お嫁さんのお中には赤ちゃんがいました。そして、地蔵堂に帰って間もなくまるまると太ったげんきな男の子が生まれました。

　名前を金太郎とつけました。

　四万長者のお家では、かわいい孫が生まれたわけですから、家中7)大喜びして大事に大事に育てました。

　赤ちゃんのときから、だれもがおどろくほどの力もちで、大人でも持てないほどの大きなこめだわらを、かるくもちあげてしまうほどでした。金太郎はとても育ちの良い赤ちゃんで、ぐんぐんと大きくなりました。目はぱっちりして、色白8)で頬は紅を差したように真っ赤で、それはそれは本当にかわいい子でした。

　小さい時分9)から人二倍元気がよく家の前の田圃10)の株11)と石や、たいこ石にかけあがったり飛びおりたりして暴れまわって12)遊びました。

---

7) 家中 : 집안, 온 가족
8) 色白 : 살갗이 흼, 또는 그런 사람
9) 時分 : ①무렵, 당시, 때 = とき、 おり ②적당한 때, 기회, 시기
10) 田圃 : 전포, 논밭
11) 株 : 그루터기

 그렇지만, 그 뒤 사정이 생겨서, 신부는 자신이 태어난 지장당(地藏堂)의 친정으로 돌아가지 않으면 안되게 되었습니다. 그 때, 신부의 뱃속에는 아이가 있었습니다. 그리고, 지장당에 돌아간지 얼마 되지 않아 토실토실하게 살찐 사내아이를 낳았습니다.

 이름을 긴타로(金太郎)라고 지었습니다.

 사만장자의 집안에서는 귀여운 손자가 태어나니, 온 집안이 크게 기뻐하며 소중하게 키웠습니다.

 갓난애 때부터 누구나가 놀랄 정도의 힘이 있어서 어른들도 들기어려운 커다란 쌀가마니를 가볍게 들어올려 버릴 정도였습니다.

 긴타로는 키우기 쉬운 아이로, 무럭무럭 자랐습니다.

 눈은 또렷또렷하고, 살갗은 희며, 볼은 연지를 바른 듯이 새빨갛고, 정말로 귀여운 아이였습니다.

 어렸을 때부터 다른 사람보다 두 배 이상 기운이 넘쳐, 집 앞 논밭의 그루터기나 돌이나, 바위에 기어 올라간다던지, 뛰어 내리면서, 설치고 돌아다니며 놀았습니다.

---

12) 暴れる : ①날뛰다, 난폭하게 굴다 ②설치다

　だんだん大きくなると、近所のお友達を引き連れ、自分
で大将になって、足柄山の金時山の険しい広い山々を自分
の庭のようにして、毎日元気に駆け巡って13)暴れまわりま
した。

　こうして元気にお山で体を鍛えて14)いるうちに、
　動物たちと野山をかけまわたり、お相撲しながら、遊ん
でいました。

　ある日、金太郎はなかよしの動物たちと木の実をひろい
に、山のおくへはいっていきました。

　いきなりそこへらんぼうものの熊が現れました。

　小さな動物たちは、ふるえて逃げました。

　金太郎は、大きなくまをずでん!

　と投げとばしてしまいました。

　「金太郎さん、がんばれ、がんばれ。」

　気はやさしくて力もちの金太郎のおかげで、森ちゅうの
動物がなかよくになりました。

---

13) 駆け巡る : 뛰어다니다

14) 鍛える : ①(쇠 따위를) 벼리다 ②단련하다, 맹렬히 훈련하다

더더욱 자라자, 주위 친구들을 데리고, 스스로 대장이 되어, 아시가라산과 킨토키산 등의 넓고 험한 산들을 자신의 집처럼, 매일 뛰어다니며, 설치고 돌아다녔습니다.

이렇게 해서 건강하게 산에서 몸을 단련하고 있을 즈음, 동물들과 야산을 뛰어 돌아 다니기도하고 씨름을 하고 놀았습니다.

어느 날 긴타로는 친한 동물들과 나무의 열매를 주우러 산 속으로 들어갔습니다.

갑자기 거기에 성질이 거친 곰이 나타나서,

작은 동물들은 떨면서 도망치기 시작하였습니다.

긴타로는 커다란 곰을 덥석하고 내던졌습니다.

「긴타로님 힘내라. 이겨라.」

성질이 상냥하고 힘이 센 긴타로의 덕택으로 온 숲의 동물들이 사이좋게 되었습니다.

「足柄山で金太郎は、熊とお相撲取りました。熊はころりと15)負けました。」と言われている通り、お山で一番の力持ちの熊さんを投げるような大変な力持ちになってしまいました。

青年になった金太郎は、名前を金時と改めました16)。

金時は体が大きく、近くの村でも評判の器量17)好しで力持ちの立派な若者になりました。

そのころ、都18)で一番強かった大将に、源頼光という人がいました。

この頼光が東の国の方に用があってきた帰り道に、

---

15) ころりと：①대구루루 ②맥없이, 허무하게

16) 改める：고치다, 변경하다

17) 器量：①기량, 역량 ②용모, 생김새

18) 都：서울, 수도, 그 지방의 중심도시

"아시가라라산에서 킨타로는 곰과 씨름을 했습니다. 곰은 힘없이 저버렸습니다."라는 말을 들을 정도로, 산에서 가장 힘이 센 곰을 던져버릴 만큼, 대단한 장사가 되었습니다.

청년이 된 킨타로(金太郞)는 이름을 킨토키(金時)라고 고쳤습니다. 킨토키는 덩치가 커서, 부근 마을에서도 용모가 빼어나고 힘이 세기로 칭찬이 자자한, 훌륭한 젊은이가 되었습니다.

그 즈음, 도읍에서는 가장 강한 장군으로는 미나모토노 요리미츠라고 하는 사람이 있었습니다.

이 요리미츠가 동쪽나라에 일이 있어서 왔다 돌아가는 길에, 아시카라산 고개를 지나가게 되었습니다.

足柄峠[19]を通ることになりました。

大勢の家来を連れて地蔵堂に来ました。地蔵堂を通り過ぎると、峠までの道はいよいよ険しくなります。

一休みして元気に峠までということで、茶店でお茶を飲んでいると、そこを通りかかった金時を見て頼光は驚きました。こんな山の中で、このような器量好しの力持ちの若者に会うことのできたのは一体どうしたことだろうか。

これは神様にお引き合わせ[20]かもしれないと思いました。そして金時に自分の家来[21]になるように勧めました[22]。

金時は都一番の大将の家来になれるということで、飛び上がるほど喜んで、早速家来にしてもらいました。

頼光の家来になって都に上がった金時は、毎日一生懸命勉強して、剣術を習って、ついに頼光の家来の中の四天王[23]の一人に数えられる強い強い大将になりました。

---

19) 峠：고개

20) 引き合わせ：소개 (引き合わせる：소개하다)

21) 家来：①가신 ②종자, 하인

22) 勧める：권하다

23) 四天王：사천왕
　　①불법을 수호하는 인도의 神 지국천, 증장천, 광목천, 다문천의 총칭
　　②(사천왕에 비기어)제자나 부하 가운데 특히 뛰어난 인물 네 사람

많은 부하를 데리고 지장당에 왔습니다.

지장당을 지나자, 고개까지 길은 점점 험해졌습니다. 잠깐 쉬고 기운을 내서 고개까지 올라가자고 해서, 찻집에서 차를 한잔 마시고 있자니, 마침 그곳을 지나가는 킨토키(金時)를 보고 요리미츠는 깜짝 놀랐습니다.

이런 산중에서, 이렇게 용모가 빼어나고 늠름한 젊은이를 만나게 된 것은 도대체 어찌된 일이냐?

이는 하늘이 만나게 해준 것일지도 모른다고 생각했습니다. 그리고, 킨토키에게 자신의 부하가 되어주라고 권했습니다.

킨토키는 도읍 제일의 장군의 부하가 된다고 해서, 뛸 듯이 기뻐하며, 즉시 부하가 되었습니다.

요리미츠의 부하가 되어 도읍으로 올라간 킨토키는 매일 열심히 공부를 하고, 검술을 배우고, 마침내 요리미치의 부하들 가운데 사천왕의 한사람으로 꼽힐 만큼 강하고 강한 장군이 되었습니다.

日本語を知る③

■ 시험에 자주 출제되는 외래어

アクセント	accent	ビデオ	video
アジア	asia	ニュース	news
アパート	apartment	スカート	skirt
アメリカ	america	メモリー	memory
アルバイト	arbeit	ユーモア	humor
エレベーター	elevator	ラジオ	radio
ガイド	guide	レポート	report
カーテン	curtain	サービス	service
ノート	note	イギリス	Inglez
カップル	couple	カメラ	camera
テーブル	table	ドア	door
デパート	department store	ピアノ	piano
テレビ	television	コンピューター	computer
トイレ	toilet	ゲーム	game
コピー	copy	コーヒー	coffee
ネクタイ	necktie		

제 1 장 일본의 대표적인 전래동화(독해편) 55

■ 助数詞 ①

	1	2	3	4	5	6	7	8	9	10	?
本(ほん)	연필, 나무, 우산, 담배, 병 등의 가늘고 긴 물건을 세는 단위: 개, 자루										
	一本(いっぽん)	二本(にほん)	三本(さんぼん)	四本(よんほん)	五本(ごほん)	六本(ろっぽん)	七本(ななほん)	八本(はっぽん)	九本(きゅうほん)	十本(じゅっぽん)	何本(なんぼん)
枚(まい)	종이, 표, 우표, 셔츠 등 얇은 물건을 세는 단위 : 장										
	一枚(いちまい)	二枚(にまい)	三枚(さんまい)	四枚(よんまい)	五枚(ごまい)	六枚(ろくまい)	七枚(しちまい)	八枚(はちまい)	九枚(きゅうまい)	十枚(じゅうまい)	何枚(なんまい)
匹(ひき)	개, 고양이, 물고기 등 일부 동물을 세는 단위 : 마리										
	一匹(いっぴき)	二匹(にひき)	三匹(さんびき)	四匹(よんひき)	五匹(ごひき)	六匹(ろっぴき)	七匹(ななひき)	八匹(はっぴき)	九匹(きゅうひき)	十匹(じゅっぴき)	何匹(なんびき)
杯(はい)	잔에 들어 있는 물이나 음료수 등을 세는 단위 : 잔										
	一杯(いっぱい)	二杯(にはい)	三杯(さんばい)	四杯(よんはい)	五杯(ごはい)	六杯(ろっぱい)	七杯(ななはい)	八杯(はっぱい)	九杯(きゅうはい)	十杯(じゅっぱい)	何杯(なんばい)
冊(さつ)	책 등의 권수를 세는 단위 : 권										
	一冊(いっさつ)	二冊(にさつ)	三冊(さんさつ)	四冊(よんさつ)	五冊(ごさつ)	六冊(ろくさつ)	七冊(ななさつ)	八冊(はっさつ)	九冊(きゅうさつ)	十冊(じゅっさつ)	何冊(なんさつ)
足(そく)	신발이나 양말 등을 세는 단위 : 켤레										
	一足(いっそく)	二足(にそく)	三足(さんぞく)	四足(よんそく)	五足(ごそく)	六足(ろくそく)	七足(ななそく)	八足(はっそく)	九足(きゅうそく)	十足(じゅっそく)	何足(なんぞく)
人(ひと)	사람을 세는 단위 : 명										
	一人(ひとり)	二人(ふたり)	三人(さんにん)	四人(よにん)	五人(ごにん)	六人(ろくにん)	七人(ななにん)	八人(はちにん)	九人(きゅうにん)	十人(じゅうにん)	何人(なんにん)
階(かい)	층수를 세는 단위 : 층										
	一階(いっかい)	二階(にかい)	三階(さんがい)	四階(よんかい)	五階(ごかい)	六階(ろっかい)	七階(ななかい)	八階(はっかい)	九階(きゅうかい)	十階(じゅっかい)	何階(なんがい)
回(かい)	횟수를 세는 단위 : 회										
	一回(いっかい)	二回(にかい)	三回(さんかい)	四回(よんかい)	五回(ごかい)	六回(ろっかい)	七回(ななかい)	八回(はっかい)	九回(きゅうかい)	十回(じゅっかい)	何回(なんかい)
歳(さい)	나이를 세는 단위 : 살, 세										
	一歳(いっさい)	二歳(にさい)	三歳(さんさい)	四歳(よんさい)	五歳(ごさい)	六歳(ろくさい)	七歳(ななさい)	八歳(はっさい)	九歳(きゅうさい)	十歳(じゅっさい)	何歳(なんさい)
기타	軒(けん)-집을 세는 단위 : 채, 동					個(こ)-갯수를 세는 단위 : 개					
	円(えん)-돈을 세는 단위 : 엔					度(ど)-횟수를 세는 단위 : 번					
	台(だい)-차, 자전거, 텔레비전 등 크고 움직일 수 있는 것을 세는 단위 : 대										
	番目(ばんめ)-순서를 세는 단위 : 번째										

■ 助数詞 ②

	물건	물건:오렌지, 배,달걀,사과	사람	책,잡지,노트	종이,접시	연필, 병
1	ひと 一つ	いっこ 一個	ひと り 一人	いっさつ 一冊	いちまい 一枚	いっぽん 一本
2	ふた 二つ	にこ 二個	ふた り 二人	にさつ 二冊	にまい 二枚	にほん 二本
3	みっ 三つ	さんこ 三個	さんにん 三人	さんさつ 三冊	さんまい 三枚	さんぼん 三本
4	よっ 四つ	よんこ 四個	よにん 四人	よんさつ 四冊	よんまい 四枚	よんほん 四本
5	いつ 五つ	ごこ 五個	ごにん 五人	ごさつ 五冊	ごまい 五枚	ごほん 五本
6	むっ 六つ	ろっこ 六個	ろくにん 六人	ろくさつ 六冊	ろくまい 六枚	ろっぽん 六本
7	なな 七つ	ななこ 七個	しちにん, ななにん 七人, 七人	ななさつ 七冊	ななまい 七枚	ななほん 七本
8	やっ 八つ	はっこ 八個	はちにん 八人	はっさつ 八冊	はちまい 八枚	はっぽん 八本
9	ここの 九つ	きゅうこ 九個	くにん, きゅうにん 九人, 九人	きゅうさつ 九冊	きゅうまい 九枚	きゅうほん 九本
10	とお 十	じっこ, じっこ 十個, 十個	じゅうにん 十人	じっさつ, じっさつ 十冊, 十冊	じゅうまい 十枚	じっぽん, じゅっぽん 十本, 十本
?	いく 幾つ	なんこ 何個	なんにん 何人	なんさつ 何冊	なんまい 何枚	なんぼん 何本

☆ 그림으로 배우는 일본어. (絵で学ぶ日本語)

※ 好きな動物は何ですか。　　　※ 嫌いな動物は何ですか。

とら　　　　　ライオン　　　　ぞう

ねずみ　　　　さる　　　　　うさぎ

きつね　　　　うし　　　　　しか

うま　　　　　くま　　　　　へび

リス　　　　　キリン　　　　かも

세 번째 이야기

3. 桃太郎

昔々、あるところの村に子供がないおじいさんとおばあさんが寂しく暮していました。夏のある日のことでした。今日もおじいさんは山へ薪1)をとりに、おばあさんは川へ洗濯に行きました。

おばあさんが川で洗濯をしている時、川上のほうからおおきな桃が流れてきました。おばあさんはそれを拾って、つくづく2)ながめました。

まったく珍しい桃でした。

今まで見たことも、聞いたこともない桃でした。

「おじいさんといっしょに食べましょう。きっと、今まで食べたこともないほどおいしい味にちがいない。」と思いました。おばあさんは桃をたらいに入れて、よいしょよいしょと、家に運びました。お昼どきになって、おじいさんがたくさんの薪をせおって山から戻ってきました。

---

1) 薪 : 땔나무, 장작=まき

2) つくづく : 곰곰히, 눈여겨, 뚫어지게

3. 모모타로
(복숭아 도령)

옛날 옛날에, 어느 마을에 아이가 없는 할아버지와 할머니가 쓸쓸하게 살고 있었습니다.

어느 여름날의 일이었습니다. 오늘도 할아버지는 산에 나무를 하러가고, 할머니는 강에 빨래를 하러 갔습니다.

할머니가 냇가에서 빨래를 하고 있는데, 냇가 위쪽에서 커다란 복숭아가 떠내려 왔습니다.

할머니는 그것을 주워서, 곰곰이 들여다보았습니다.

정말 신기한 복숭아였습니다. 여태까지 본적도 들은 적도 없는 복숭아였습니다.

"할아범이랑 함께 먹어야지. 틀림없이 여태까지 먹어 본 적이 없는 만큼 맛있는 것임에 틀림없어."
라고 생각했습니다.

할머니는 대야에 복숭아를 넣고, 영차 영차 집으로 옮겼습니다. 점심때가 되어, 할아버지가 장작을 많이 짊어지고 돌아왔습니다.

「おばあさんよ、いま帰ったぞ。」

「お帰りなさい、おじいさん。いいことがあるんですから、はやく上へおあがりなさい。今日、川でおおきな桃をひろってきましたよ。」「こんな大きな桃は見たこともない。おいしいそう。」「ではいただきましょうか。」

おばあさんはほうちょう3)を持ってきました。そのときです。まだ切らないうちに4)桃は、ひとりでにポカンと割れました。「オギャアオギャア」

「ありゃりゃ、これはなんだ。」

桃の中から男の子の赤ちゃんが出てきました。

子供のいないおじいさんとおばあさんはおおよろこんで、

「おばあさんよ、これは神様のさずかりもの5)だよ。私たちがいつも子どもをほしいといっていたので、かみさまが聞き届けてくださったにちがいない。

桃から生まれたから、この子の名前は桃太郎とつけたらどうだろう。」

「それは、いい名前ですね。」

---

3) 包丁：식칼
4) ないうちに：하기 전에
5) 授かり物：신불(神仏)이 내려 주신 것

"할멈, 이제 돌아왔어."

"어서 오시구랴, 영감. 좋은 일이 있으니까 어서 들어오세요. 오늘 강에서 커다란 복숭아를 주어왔어요."

"이렇게 큰 복숭아는 본 적도 없는 걸. 맛있어 보이는데…."

"그럼 먹어 볼까요."

할머니는 부엌칼을 가지고 왔습니다. 그 때입니다.

아직 자르기도 전에 복숭아가 저절로 쪼개졌습니다.

"응애, 응애."

"어머나, 이게 다 무슨 일이지."

복숭아 안에서 사내아기가 나온 것이 아니겠습니까?

아이가 없는 할아버지와 할머니는 크게 기뻐하며,

"할멈, 이건 하느님의 선물이구려.

우리가 늘 아이를 원했었기 때문에, 하느님이 소원을 들어 주신 게 틀림없어. 복숭아에서 태어났으니까, 이 아이 이름은 모모타로(복숭아 도령)라고 짓는 게 어떨까?"

"그거 좋은 이름이네요."

＊＊＊

　桃太郎は、こうして一日一日と、どんどん大きくなって
いったのです。それからまもなく、山仕事もできるくらい
に力のあるかしこい子になりました。
　ある時、近所の人が、
「桃太郎さん、俺たちといっしょに山へ行かないかい。」
といって、さそいにきました。
　しかし、桃太郎はこれを聞くと、
「俺、今日は仕事があって…。」
「今日はわらじ6)をつくらなきゃならん。」
「今日は鎌7)をとがなきゃならん。」
などといって、毎日ことわってばかりいて、少しも動こう
とはしませんでした。
　しかし、四日目にはやっと、みんなといっしょに山へ出
かけました。

---

6) 草鞋 : 짚신
7) 鎌 : 낫

* * *

모모타로는 이렇게 해서 하루하루 점점 크게 자랐습니다.
그리고 얼마 지나, 나무하는 일도 가능할 정도로, 힘세고
영리한 아이가 되었습니다. 어느 날, 이웃집 사람이,

"모모타로, 모모타로, 우리랑 같이 산에 가지 않을래?"
하고, 왔습니다.

그러나, 모모타로는 이 말을 듣자,

"난 오늘 할 일이 있어서……"

"오늘은 짚신을 꼬아야해."

"오늘은 낫을 갈아야해."
라고 하며, 매일 거절만 하고, 조금도 움직이려고 하지 않
았습니다.

하지만, 4일째에는 마지못해 모두와 함께 산에 나섰습니다.

　しかし、村の人たちがいっしょうけんめいに働いていても桃太郎は昼寝ばかりしていて起きているのはお弁当を食べる時だけです。

　こうして、一日中を山の中ですごして、「さあ、みんなそろそろ仕事をしまって、家へ帰ろうかな。」と帰るときになりました。

　が、桃太郎は「俺、木を伐るのはめんどうだ。」
といって、大きな木を根ごと引き抜いて、それを持って、帰ってきました。

＊　＊　＊

　「おじいさん、おばあさん。もどったぞ。」
という声にふたりは出てきて桃太郎を見ると、びっくりして目を丸くしました。

　「ウワーッ…、こんな大きな木をお前がかついできたのかい。それにこう太くて長い木を、置き場所もないねえ。仕方ねえな。」

그러나 마을 사람들이 열심히 일을 하고 있어도, 모모타로는 낮잠만 잘 뿐이고, 일어나는 것은 도시락을 먹을 때뿐입니다. 이렇게 해서, 하루 종일을 산에서 보내고,

"자, 모두 슬슬 정리하고, 집으로 돌아갈까?"

돌아갈 때가 되었습니다.

"난, 나무하는 게 귀찮아."

하고 커다란 나무를 뿌리 채 뽑더니, 그것을 가지고 돌아왔습니다.

* * *

"할아버지, 할머니. 돌아왔어요."

하는 소리에 두 사람은 나와서 모모타로를 보더니, 깜짝 놀라서 눈이 휘둥그래졌습니다.

"우와……! 이런 큰 나무를 네가 짊어지고 온 것이냐?

게다가 이렇게 굵고 긴 나무라면, 놔둘 곳도 없는데.

어쩌지…."

といって、口をポカンと開けたまま、ながめておりました
が、何ともしようがないので、とうとうその木を、谷川へ
なげすてさせました。

　ドブーン…というすさまじい音をたて、木は谷川へ落ち込
みますと、グラグラッと山や地はゆれうごきました。

　それを見て、おじいさんとおばあさんはあきれ返りました8)。

　この地響き9)を聞きつけた10)村の人たちは、もちろんのこ
と、遠くはなれた町のご殿で、これを聞いた殿様11)までが、
おどろいて「あの音は何か。さっそく見て来い。」という仰
せ12)で、殿さまの家来がやってきました。

　そして、その音は桃太郎が根ごと引きぬいた大きな木を
谷川へ投げた音であるとわかると、それを殿さまに申しあ
げました。殿さまは家来13)のその言葉を聞いて、

---

8) 呆れ返る : 어이가 없어지다, 질려버리다

9) 地響き : 땅울림=地鳴り

10) 聞き付ける : 얻어듣다, 귓결에 듣다.

11) 殿様 : ①나리 ②영주님 ③(물정모르는) 도련님

12) 仰せ : ①분부, 명령 ②말씀

13) 家来 : 하인

하며, 입을 떡 벌린 채, 바라보았지만, 어떻게 할 방법이 없기 때문에, 결국은 그 나무를 골짜기에 던져버리게 했습니다.

"풍덩…."

굉장한 소리를 내며, 나무가 골짜기에 빠지자, 산과 땅이 흔들흔들 요동을 쳤습니다. 그것을 보고 할아버지와 할머니는 놀라버렸습니다.

이 땅울림을 마을사람들이 들은 것은 물론이고, 멀리 떨어진 마을에 있는 성에서 이를 들은 영주까지 놀라,

"대체 저 소리는 무슨 소리냐. 즉시 보고 오너라."

라는 명령에 성주의 심부름꾼이 찾아왔습니다.

그리고, 그 소리는 모모타로가 뿌리 채 뽑은 커다란 나무를 골짜기에 던진 소리임을 알고는, 그것을 영주에게 고했습니다. 영주는 하인의 말을 듣고,

「うーん…。そんなに力持ちの子があるか。

では、その桃太郎を、鬼が島へ鬼たいじにつかわす14)ことにしよう。」といって、桃太郎を鬼が島へ、さしむける15)ように命じました。

桃太郎はこうして、殿さまの命令で、鬼が島へ出かけることになりました。これを聞いて、おばあさんは、

「それでは、力のでる日本一のきびだんごを作ってあげるよ。」と、おおきなきびだんご16)を三つ、作ってあげました。すっかり用意ができると桃太郎は腰に刀を差してきびだんごを入れた袋も腰につけました。

「それじゃ、おじいさん、おばあさん。行ってまいります。」と、勇んで家を出かけました。

おじいさんとおばあさんは桃太郎の姿が見えなくなるまで手を振って見送りました。

---

14) 遣わす：①보내다, 파견하다 ②주다
15) 差し向ける：①그쪽으로 돌리다 ②보내다, 파견하다 = 遣わす
16) きびだんご：수수경단

"음, 그런 힘을 가진 자가 있다는 말이지. 그럼, 그 자를 도깨비 섬으로 도깨비퇴치를 하러 보내기로 하자."라며, 모모타로를 도깨비 섬으로 보내도록 명령했습니다.

모모타로는 이렇게 해서 영주의 명령으로, 도깨비 섬에 가게 되었습니다.

이 일을 듣고 할머니는 "그럼, 힘이 솟는 일본제일의 수수경단을 만들어 주마."하고, 커다란 수수경단을 세 개 만들어 주었습니다.

이렇게 해서 완전히 준비가 된, 모모타로는 허리에 칼을 차고 수수경단을 넣은 자루도 허리에 맸습니다.

"그럼, 할아버지, 할머니, 다녀오겠습니다."
말하고, 용감하게 집을 나섰습니다.

할아버지와 할머니는 모모타로의 모습이 보이지 않을 때까지 손을 흔들며 배웅했습니다.

「うん、元気でしっかりたたかってこい。鬼などのこらず征伐してしまえ。」といって、励まして17)くれました。

　　　　　　　　　＊　＊　＊

　桃太郎は、海の方へ歩いていきました。しばらく行くと、犬が飛びだしてきて、「桃太郎さん、桃太郎さん。どこへ行くのですか？」「うん、鬼が島へ鬼退治に行くのよ。」

　犬は鼻をクンクン鳴らしながら、たずねました。

「そのお腰につけているものは、なあに？」

「こりゃあ、日本一のきびだんごだ。」

「それ、一つくださいよ。お供にします。」

　そこで桃太郎は、犬にきびだんごをやり、お供につれていきました。

　桃太郎と犬が歩いていくと、こんどは猿が出てきました。

────────────────

17) 励ます 격려하다, 북돋다

"그래, 무사히 확실하게 싸우고 오너라.

도깨비 따위 남기지 말고 정벌해 버려라."

라고 힘을 복돋워주었습니다.

* * *

모모타로는 바다 쪽으로 걸어갔습니다.

얼마만큼 가자, 개가 뛰쳐나와서,

"모모타로, 모모타로. 어디를 가는 거지요?"

"응, 도깨비 섬에 도깨비 퇴치하러 간다."

개는 코를 킁킁거리며 물었습니다.

"그 허리에 찬 것은 뭐지요?"

"이건, 일본제일의 수수경단이다."

"그렇다면, 하나 주세요. 함께 따라 가겠습니다."

그래서, 모모타로는 개에게 수수경단을 주고 동행하게 했습니다.

모모타로와 개가 걸어가고 있자니,

이번에는 원숭이가 나왔습니다.

「桃太郎さん、桃太郎さん。

どこへ行くのですか？」

「うん、鬼が島へ鬼たいじに行くの。」

猿は鼻をぴくぴくさせて、また、たずねました。

「そのお腰につけているものは、なあに？」

「これは、日本一のきびだんご。」

「それ一つ、僕にくださいよ。

お供についてまいります。」

桃太郎は猿にきびだんごをやり、お供にしました。

桃太郎と犬と猿が歩いていくと、こんどはキジが出てきました。「桃太郎さん、桃太郎さん。

犬と猿をつれてどこへおいでになりますか？」

キジがまた、たずねました。

「うん、鬼が島へ、鬼征伐に行くのだ。」

「そのお腰につけているものは何ですか？」

「これは、日本一のきびだんご。」

「そんなら、一つ私にくださいな。

お供についてまいります。」

"모모타로, 모모타로. 어디를 가는 거지요?"

"응, 도깨비 섬에 도깨비 퇴치하러 간다."

원숭이는 코를 벌름거리며, 물었습니다.

"그 허리에 찬 것은 뭐지요?"

"이건, 일본제일의 수수경단이다."

"그렇다면, 하나 저에게 주시지요.

함께 따라 가겠습니다."

모모타로는, 원숭이에게 수수경단을 주고 동행하게 했습니다.

모모타로와 개, 원숭이가 걷고 있자니,

이번에는 꿩이 나타났습니다.

"모모타로, 모모타로. 개와 원숭이를 데리고 어디를 가는 거지요?"

"응, 도깨비 섬에 도깨비 정벌하러 간다."

다시, 물었습니다.

"그 허리에 찬 것은 뭐지요?"

"이건, 일본제일의 수수경단이다."

"그렇다면, 하나 저에게 주시지요.

함께 따라 가겠습니다."

桃太郎は、キジにきびだんごをやり、お供にしました。

「よし、これで三人の家来ができた。さあ、急いでいこう。

桃太郎は犬、猿、キジをつれて鬼が島へむかいました。

やがて、みんなは鬼が島につきましたが、鬼の城の大きな門がぴしゃりと18)しまって中に入れません。

そこで、キジが門の中にとんで入って、内側からかぎをはずしました。

桃太郎はいっせいに鬼の城へ攻め入りました。

鬼もまけてはいません。

「荷、桃太郎がなんだ。」

しかし、桃太郎たちは日本一のきびだんごを食べていたので、千人分の力がありました。

犬は鬼の足に食いつき19)、猿はひっかき20)、

キジは鬼の顔をつっつきました21)。

---

18) ぴしゃりと : ①문을 닫는 소리 - 탁

19) 食い付く : (달려들어) 물다

20) 引っ掻く : (손톱 따위로) 세게 긁다, 할퀴다

21) 突っつく＝つつく : ①쿡쿡 찌르다 ②가볍게 여러번 쿡쿡 쪼다

모모타로는 꿩에게 수수경단을 주고 동행하게 했습니다.

"좋다. 이것으로 세 명의 하인이 생겼다.

자, 서둘러 가자!"

모모타로는 개, 원숭이, 꿩을 데리고 도깨비 섬으로 향했습니다. 이윽고 모모타로 일행은 도깨비 섬에 도착했지만, 도깨비 성의 큰 문이, 딱 잠겨서, 안으로 들어갈 수가 없습니다.

그래서, 꿩이 문 안쪽으로 날아 들어가, 안쪽에서 빗장을 풀었습니다. 모모타로 일행은 일제히 도깨비 성으로 쳐들어 갔습니다.

도깨비도 지고만 있지 않습니다.

"뭐야, 모모타로가 뭐하는 놈이냐!"

그러나, 모모타로 일행은 일본제일의 수수경단을 먹었기 때문에 천명만큼의 힘이 있습니다.

개는 도깨비의 다리를 물고, 원숭이는 할퀴고, 꿩은 도깨비 얼굴을 쪼아댔습니다.

　鬼の大将は大きな目から涙をたらたら22)流し、桃太郎の
前に降参して、「どうか、命ばかりは助けてください。

　もうこれからは悪いことは決してしません。

　ここにある宝物は全部さしあげます。」

とあやまりました。

　桃太郎は宝物を車につんで無事に犬と猿とキジと村に戻り
ました。

　殿さまからは山のような褒美をもらい、それからはお祖父
さんとお祖母さんといっしょに楽しく暮しました。

---

22) たらたら : 액체가 방울져 떨어지는 모양 - 뚝뚝, 줄줄

도깨비대장은 큰 눈에서 눈물을 뚝뚝 흘리며, 모모타로 앞에 무릎을 꿇고,

"부디 목숨만은 살려주세요.

이제부터 나쁜 짓은 결코 하지 않겠습니다.

여기 있는 보물은 전부 드리겠습니다."

하면서 용서를 빌었습니다.

모모타로는 보물을 싣고, 개와 원숭이와 꿩과 함께 마을에 돌아왔습니다. 영주로부터는 산더미 같은 포상을 받고, 그리고 할아버지와 할머니와 함께 즐겁게 살았답니다.

◇ 한국어와 일본어의 기본회화

① 당신은 언제 일본에 왔습니까?
あなたはいつ日本へ来ましたか。

② 내일은 이일이고, 모래는 삼일입니다.
あしたは二日で、あさっては三日です。

③ 당신은 내일 어디에 갑니까?
あなたはあしたどこへ行きますか。

④ 오늘은 몇 월 몇 일입니까?
きょうは何月何日ですか。

⑤ 매일 집에서 학교까지 버스로 갑니까?
毎日家から学校までバスで行きますか。

⑥ 일본의 대학은 4월에 신학기가 시작합니까?
日本の大学は四月に新学期がはじまりますか。

⑦ 이것은 빨간 사과입니다.
これはあかいりんごです。

⑧ 이 다리는 깁니까?
このはしはながいですか。

⑨ 밀감도 많이 있습니까?

みかんもたくさんありますか。

⑩ 파란 사과도 빨간 사과도 있습니다.

あおいりんごもあかいりんごもあります。

⑪ 파란 사과는 몇 개 있습니까?

あおいりんごはいくつありますか。

⑫ 어린아이는 학생이고, 어른은 선생님입니다.

こどもは生徒でおとなは先生です。

⑬ 학생은 모두 운동장에 있습니다.

学生はみんなうんどうじょうにいます。

⑭ 학교 문 앞에 누가 있습니까?

学校のもんのまえにだれがいますか。

⑮ 교실에 학생이 많이 있습니다.

教室に学生がおおぜいいます。

⑯ 방에 누가 있습니까?

部屋にだれがいますか。 (주어 강조)

⑰ 방에 누군가 있습니까?

部屋にだれかいますか。 (의문사 강조)

■ 자주 쓰는 과일 관련 단어

りんご	사과	メロン	메론	すいか	수박
桃	복숭아	ぶどう	포도	いちご	딸기
なし	배	ぎんなん	은행	バナナ	바나나
みかん	귤	くるみ	호두	オレンジ	오렌지
うめ	매실	栗	밤	うり	참외
すもも	자두	なつめ	대추	柿	감

■ 자주 쓰는 야채 관련 단어

じゃがいも	감자	さつまいも	고구마	はくさい	배추
だいこん	무우	玉ねぎ	양파	にんじん	당근
きゅうり	오이	にんにく	마늘	キャベツ	양배추
えのき	팽이버섯	かぼちゃ	호박	なす	가지
ねぎ	파	トマト	토마토	とうもろこし	옥수수
小豆	팥	大豆	콩	野菜	야채

♠ 자주 쓰는 꽃 이름

スイセン	수선화	アサガオ	나팔꽃	ユリ	백합
タンポポ	민들레	キク(菊)	국화	ヒマワリ	해바라기
バラ	장미	ツツジ	진달래, 철쭉	レンギョウ	개나리
イチョウ	은행나무	さるすべり	백일홍	やなぎ	버드나무
ナノハナ	유채	ウメ(梅)	매화	サクラ(桜)	벚꽃
ツバキ	동백	アカシア	아카시아	コスモス	코스모스
サボテン	선인장	忘れな草	물망초		

■よく使う教室用語 (자주 쓰는 교실용어)

일본어 표현	한국어 표현
始めましょう	시작합시다
終わりましょう	마칩시다
休みましょう	쉽시다
聞いてください	들어 주세요
言ってください	말하세요
読んでください	읽으세요
書いてください	쓰세요
練習してください	연습하세요
答えてください	대답해 주십시오
質問してください	질문해 주십시오
出してください	제출해 주십시오
1ページを開けてください	1페이지를 펴 주십시오
書かないでください	쓰지 마십시오
見ないでください	보지 마십시오
静かにしなさい	조용히 하세요
もう一度 言ってください	다시 한번 말씀해 주세요
欠席ですか	결석입니까
予習しなさい	예습 하세요

네 번째 이야기

浦島太郎
うらしまたろう

4. 浦島太郎

　むかしむかし、ある海辺[1]の村に浦島太郎というわかい漁師が住んでいました。

　浦島太郎は毎日海で魚を釣って[2]、それでお母さんとの暮らしていました。

　ある日、一日中魚をとっていたのに、一匹しかとれなくて気のおもい浦島太郎が家に帰るとちゅう、浜辺[3]でさわいでいる五六人の子供を見かけました。その子どもたちは何をしているのかと思って浦島太郎は見に行きました。

　子供たちが亀を捕まえて[4]いじめていました。

　浦島太郎は亀をたすけようと思って、子どもたちに動物をいじめてはいけないと言いましたが、子どもたちはけらけら[5]わらいながら亀をいじめつづけていました。

---

1) 海辺(うみべ) : 바닷가
2) 釣る(つる) : 낚다, 잡다
3) 浜辺(はまべ) : 바닷가, 해변
4) 捕まえる(つかまえる) : 붙잡다, 붙들다
5) けらけら : 크게 웃는 모양, 깔깔

4. 우라시마타로

옛날 옛날에 어느 바닷가 마을에 우라시마타로라는 젊은 어부가 살고 있었습니다. 우라시마타로는 매일 바다에서 고기를 잡아, 그것으로 어머니와 생계를 유지하고 있었습니다.

어느 날, 하루종일 고기를 잡고 있었는데, 한 마리밖에 못 잡아서 마음이 무거운 우라시마타로가 집으로 돌아오는 도중, 바닷가에서 떠들어대고 있는 오륙명의 아이들을 보았습니다.

그 아이들이 무엇을 하고 있을까 해서 우라시마타로는 보러 갔습니다. 아이들이 거북이를 잡아 괴롭히고 있었습니다.

우라시마타로는 거북이를 도와주려고 생각해서 아이들에게 동물을 괴롭혀서는 안된다고 말했지만, 아이들은 깔깔 웃으면서 거북이를 계속 괴롭히고 있었습니다.

　浦島太郎は、子供が亀を自由にしないとわかって、この日とった魚とお金を子供にあげて代わりに亀をはなしてもらいました。

　そして浦島太郎はかわいそうな亀を海に逃がしてやりました。

　たすけられた亀は海をおよいでいきながらなんども振り返りました6)。

　数日後7)、浦島太郎は海で魚をとっている時、大きな亀がきました。おどろいた浦島太郎にむかって、亀は、

　「このあいだはうちの亀をたすけてくれてありがとうございます。おれいに竜宮8)におつれしますので、わたしの背中におのりください。」といいました。

　浦島太郎は亀のこうら9)にのって海のそこへ潜って10)いきました。亀は海のそこをおよいでいき、浦島太郎は海のなかのきれいな魚と海藻を見ていました。

---

6) 振り返る(ふりかえる)：뒤돌아보다
7) 数日後(すうじつご)：며칠후
8) 竜宮(りゅうぐう)：용궁
9) 甲ら(こうら)：(거북, 게 등의) 등딱지
10) 潜る(もぐる)：잠수하다

우라시마타로는 아이들이 거북이를 자유롭게 놓아주지 않을거라는 것을 알고, 이 날 잡은 고기와 돈을 아이들에게 주고 대신 거북이를 받았습니다.

그래서 우라시마타로는 불쌍한 거북이를 바다에 놓아주었습니다.

도움을 받은 거북이는 바다를 헤엄쳐 가면서 몇 번이고 뒤돌아보았습니다.

며칠 후, 우라시마타로가 바다에서 고기를 잡고 있을 때, 커다란 거북이가 왔습니다. 깜짝 놀란 우라시마타로를 향해 거북이는 「전번에 우리 거북이를 도와주셔서 감사했습니다. 답례로 용궁으로 모실테니, 제 등에 타세요.」라고 말했습니다.

우라시마타로는 거북이 등에 올라타고 바다 밑으로 들어갔습니다.

거북이는 바다 밑을 헤엄쳐 갔고, 우라시마타로는 바다 속의 아름다운 고기와 해조를 보고 있었습니다.

やっと竜宮につきました。そこは見たこともないうつく
しい場所でした。見たこともない美しいおとひめさま11)が
きて、「亀の格好をして外の世界を見にいきたかったんです。
その時、助けてくれてありがとうございます。」といいまし
た。乙姫さまが浦島太郎を案内し竜王12)さまに紹介し、ご
ちそうを食べると、魚たちが踊りました。

竜宮で、浦島太郎は楽しくくらしていきました。

季節の移り変りも、ふるさとも、お母さんのことも忘れ
て、竜宮でたのしく幸せにすごしていました。夢のように
三年たちました。

ある日、乙姫様はいままで行ったことのない部屋に浦島
太郎をつれていきました。その部屋の窓からは陸地の世界
が見えました。浦島太郎は自分の古里の景色を見て、きゅ
うにお母さんのことを思い出し、懐かしくなりました。

お母さんにあいたくて、家へ帰りたくなりました。

---

11) おとひめさま：용녀
12) 竜王(りゅうおう)：용왕

마침내 용궁에 도착했습니다. 거기는 지금껏 한번도 본 적도 없는 아름다운 곳이었습니다. 아름다운 용녀가 와서

「거북이 모습을 하고 바깥 세계를 가보고 싶었던 거에요. 그 때 도와주셔서 정말 고마웠습니다.」

용녀는 우라시마타로를 안내하고, 용왕님께 소개도 시키고, 맛있는 음식을 먹고 나자 물고기들이 춤도 추었습니다.

용궁에서 우라시마타로는 즐겁게 지내고 있었습니다.

계절의 변화도, 고향도, 어머니조차도 잊은 채, 용궁에서 즐겁고 행복하게 지내고 있었습니다.

꿈처럼 삼 년이 지났습니다.

어느 날, 용녀는 이제까지 가 본 적도 없는 방으로 우라시마타로를 데리고 갔습니다.

그 방에 있는 창으로 육지 세계가 보였습니다.

우라시마타로는 자기 고향의 경치를 보고 갑자기 어머니의 일을 생각해내고 그리워졌습니다.

그러자 어머니를 만나고 싶고 집에 돌아가고 싶어졌습니다.

乙姫様はさびしくなりましたが、浦島太郎が'帰らせてください'。と言うので仕方なく浦島太郎に玉手箱13)をあげて言いました。

「こまった時その玉手箱をあけてください。けれどもそれ以外は絶対にあけてはなりません。」

浦島太郎はお土産をもって、亀の背中にのり、ふるさとに帰りました。故郷について、浦島太郎は家に帰ろうと思いましたが、村をあるいたら何か不思議な感じがしました。

村の様子がなんとなく変ったみたいで、村の人もしらない人ばかりでした。家があるはずである場所にいってみると家はかげもかたちもありませんでした。村の人にきいたらだれも浦島太郎の家がどこにあるのかしりませんでした。最後に村のいちばん年上のおじいさんに聞いてみると、「浦島太郎という人は海にいったままもどらなかったわかものの話だとおもうけれど、それは三百年もまえの話だよ。」とそのおじいさんは語りました。

---

13) 玉手箱(たまてばこ) : 요술상자

용녀는 쓸쓸해졌지만, 우라시마타로가 돌아가게 해 달라고 말해서 할 수없이 우라시마타로에게 요술상자를 주고 말했습니다.

「곤란할 때 그 요술상자를 열어주세요. 그렇지만 그 이외에는 절대로 열어서는 안됩니다」

우라시마타로는 선물을 가지고, 거북이 등에 타고, 고향으로 돌아갔습니다.

고향에 도착해서, 우라시마타로는 집에 돌아가려고 생각했지만. 마을을 걷자니까 뭔가 이상한 느낌이 들었습니다. 마을 모습이 왠지 변한 것 같고, 마을 사람도 모르는 사람뿐이었습니다.

집이 있어야 할 장소에 가보니, 집은 그림자도 흔적도 없었습니다. 마을 사람들에게 물으니 아무도 우라시마타로의 집이 어디에 있는지 알지 못했습니다.

마지막으로 마을의 가장 나이가 많으신 할아버지에게 물어보자, 「우라시마타로라는 바다에 나가서 돌아오지 않은 젊은이의 이야기라고 생각하는데, 그것은 삼백년 전의 이야기다」라고 그 할아버지는 이야기했습니다.

竜宮で過した三年がほんとうは三百年だったと浦島太郎はわかってきました。死んだお母さんの墓14)をさがしてみたら自分の墓も見つかりました。

もうお母さんにあえないと思ってとても悲しくなりました。

そこで、こまった浦島太郎は乙姫様のことばを思い出して、もらった大事な玉手箱のふたをあけました。

玉手箱から白い煙15)が出て浦島太郎の体をかこみ16)、浦島太郎は一瞬におじいさんになってしまいました。

するとおじいさんになった浦島太郎の体は、こんどは鶴17)のすがたになり、そして空へとんでいってしまいました。

鶴はもう竜宮の亀にあわなくなって寂しく思いました。

それで人びとは「鶴は千年、亀は万年。」と言います。

---

14) 墓(はか) : 무덤

15) 煙(けむり) : 연기

16) 囲む(かこむ) : 둘러싸다

17) 鶴(つる) : 학

용궁에서 지낸 삼 년이 정말 삼 백년이었다는 것을 우라
시마타로는 알게 되었습니다.

죽은 어머니의 무덤을 찾아가 봤더니 자신의 무덤도 발
견되었습니다.

이제 어머니를 만날 수 없다고 생각하니 정말 슬퍼졌습니
다. 그래서 어찌할 바를 모르는 우라시마타로는 용녀의 말을
생각해내어 용궁에서 받은 요술상자 뚜껑을 열었습니다.

요술상자에서 연기가 나와, 우라시마타로의 몸을 감싸자,
그는 한순간에 할아버지가 되어버렸습니다.

그러자 할아버지가 된 우라시마타로의 몸이 이번에는 학
의 모습으로 바뀌어 하늘로 날아 가버렸습니다.

학은 용궁에 사는 거북이를 만나지 못해 쓸쓸했습니다. 그
래서 사람들은 「학은 천년, 거북이는 만년」이라고 말합니다.

◆ 12 支干(12지간)

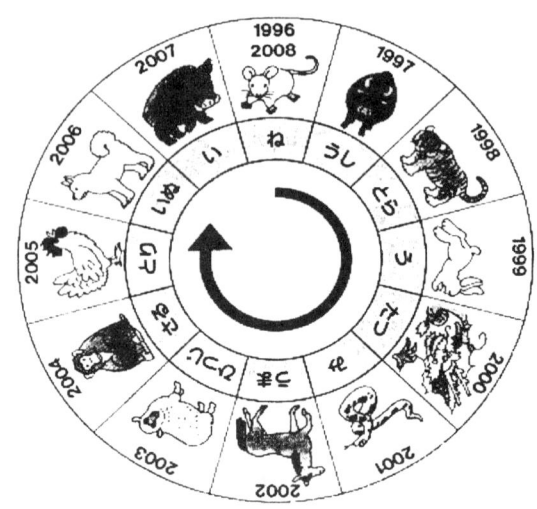

◆ 십이지(十二支) : 사람의 띠를 말하는 법

자(子)	축(丑)	인(寅)	묘(卯)	진(辰)	사(巳)
ねずみ(쥐)	うし(소)	とら (호랑이)	うさぎ (토끼)	たつ(용)	へび(뱀)
오(午)	미(未)	신(申)	유(酉)	술(戌)	해(亥)
うま(말)	ひつじ(양)	さる (원숭이)	とり(닭)	いぬ(개)	いのしし (돼지)

◎ 私はうまどしのうまれです。（나는 말띠입니다.）

◎ 私がたつどしで、彼女がいのししどしです。

　（내가 용띠고, 그녀가 돼지띠입니다.）

◎ 今年、2003年は、「ひつじ年」です。

※ 12年後の2015年が、また「ひつじ年」になります。

다섯

번째

이야기

5. 二人のけちんぼう

昔々、二人のけちんぼう1)が、となり合って2)住んでいました。ある日、一方3)の主人がかなづち4)を借りに使いの者5)をとなりへ行かせました。

使いの者はとなりへ行って頼み6)ました。

「すみませんが、かなづちを貸して7)いただけ8)ませんか。ちょっと、くぎが打ちたいのですが。」

「はい、はい。それで、そのくぎは木のくぎですか、鉄のくぎですか。」「鉄のくぎですが。」

この返事9)を聞くと、となりの主人は、

---

1) けちんぼう : 욕심쟁이
2) 隣り合う : 서로 이웃이 되다
3) 一方 : 한쪽, 한편
4) 金づち : 쇠망치
5) 使いの者 : 심부름, 심부름꾼, 하인
6) 頼む : 부탁하다, 의뢰하다
7) 貸す : 빌려주다
8) 頂く : 「もらう(=받다)」의 공손한 말씨
9) 返事 : 대답, 답장, 응답

5. 두 사람의 구두쇠

옛날 옛날에 두 욕심쟁이가 서로 이웃해 살고 있었습니다.

어느 날, 한쪽 주인이 망치를 빌리기 위해 하인을 옆집에 보냈습니다. 하인은 옆집에 가서 부탁했습니다.

"죄송하지만, 망치를 좀 빌릴 수 있을까요?

못을 박고 싶습니다만……"

"그럼요. 그런데 못은 나무못입니까, 쇠못입니까?"

"쇠못입니다만."

이 대답을 들은 옆집 주인은,

「あいにく10)、今ちょうどかなづちは他へ貸してあります。」
と言って使いの者を帰しました11)。

使いの者が家に帰って、この話をすると、主人は怒って12)言いました。

「なんて世の中13)には、けちな人がいるんだろう。

木のくぎか鉄のくぎかとたずねて14)、鉄のくぎとわかったら、うそ15)をついて断わった16)。

かなづちが傷む17)かと思ったら貸すのが惜しく18)なったのだ。

しがた19)がない。

それでは家のかなづちを出して使おう。」

---

10) あいにく : 공교롭게도, 때마침
11) 帰す : 돌려보내다, 돌아가게 하다
12) 怒る : 성내다, 화내다
13) 世の中 : 세상
14) 尋ねる : 찾다, 묻다
15) 嘘 : 거짓말 (嘘をつく : 거짓말을 하다)
16) 断る : 거절[사절]하다
17) 傷む : 상하다, 파손되다
18) 惜しい : 아깝다
19) 仕方 : 하는 방법, 수단, 방식 (仕方がない : 어쩔 수 없다)

"공교롭게도 마침 망치는 다른 사람이 빌려갔습니다."
라고 말하고서 하인을 돌려보냈습니다.

하인이 집으로 돌아가 상황을 이야기하자 주인은 화를 내며 말했습니다.

"세상에 저런 인색한 사람이 다 있을까. 나무못인가 쇠못인가를 물어 쇠못인 것을 알고서는 거짓말을 해서 거절한 거로군.

망치가 상할 것 같으니 빌려주는 것이 아까운 것인가. 어쩔 수 없지. 그럼 우리 망치를 꺼내어 쓰도록 하자."

日本語を知る ④

◆ 詩と歌

1.道程 高村光太郎 僕の前に道はない 僕の後ろに道は出来る ああ、自然よ 父よ 僕を一人立ちにさせた広大な父よ 僕から目を離さないで守ることをせよ 常に父の気魄を充たせよ この遠い道程のため この遠い道程のため	내 앞에 길은 없다 내 뒤에 길은 생긴다 아아, 자연이여 아버지여 나를 자립하게 한 광대한 아버지여 내게서 눈을 떼지 말고 지키도 록 하시라 언제나 아버지의 기백이 내게 넘치게 하라 이 머나먼 길을 위하여 이 머나먼 도정을 위하여

◆ 高村光太郎 – 탐미주의에서 탈피한 인도주의적 시인

　　　　　　 – 격렬한 열정·힘찬 가락의 독자적 시풍

　　　　　　 – '明星' 'スハル'를 통해 활동「道程」,「典型」

2. 恋人よ	2. 연인이여.
1. 枯れ葉散る夕暮れは	1. 마른 잎 떨어지는 황혼은
来る日の寒さをものがたり	닥쳐올 날의 추위를 이야기하고
雨に壊れたベンチには	빗방울에 부서진 벤치에는
愛をささやく歌もない	사랑을 속삭이는 노래도 없네요
恋人よそばにいて	연인이여 곁에 있어주오
こごえる私のそばにいてよ	추위에 떠는 내 곁에 있어줘요
そしてひとこと	그리고 한마디
この別れ話が	이별 이야기는
冗談だよと	농담이었다고
笑ってほしい	웃어 넘겨주세요
2. 砂利道を駆け足で	2. 자갈길을 달음박질하면서
マラソン人が行き過ぎる	마라톤하는 사람이 지나갑니다
まるで忘却のぞむように	마치 망각을 바라는 것처럼
止まる私を誘っている	서 있는 나를 유혹하고 있어요
恋人よ さようなら	연인이여 안녕
季節はめぐってくるけど	계절은 돌고 돌아 다시 오건만
あの日の二人宵の流れ星	그 날의 두 사람은 밤하늘의 별똥별처럼
光っては消える無情の夢よ	반짝이다 사라지는 무정한 꿈인가요
恋人よ そばにいて	연인이여 곁에 있어주오
こごえる私のそばにいてよ	추위에 떠는 내 곁에 있어줘요
そしてひとこと	그리고 한마디
この別れ話が	이별 이야기는
冗談だよと	농담이었다고
笑ってほしい	웃어 넘겨주세요

★ 중요한 어휘

・枯れ葉 : 마른 잎	・散る : (꽃,잎)지다. 떨어지다.
・夕暮れ : 황혼, 해질녘	・ささやく : 속삭이다
・凍える : 얼다. 얼어붙다	・駆け足 : 달음박질

여섯 번째 이야기

鶴の恩返し
つる　おんがえ

6. 鶴の恩返し

　昔々、あるところの村に心のやさしいおじいさんとおば
あさんが住んでいました。

　おじいさんは、毎日、薪をとって、おばあさんと仲良く1)
暮していました。雪がちらちら降る、ある寒い冬の朝

　おじいさんはいつものように、山へ薪2)をとりに行きまし
た。歩いていくと、どこからか、きいきいと言うような声
が聞こえてきました。

　「おお、あれだ。」行ってみますと、一羽の美しい羽を持っ
た鶴3)が縄にかかれて4)いました。

　「おお、こりゃあ、かわいそうに。おれが助けてやるぞ。」
　おじいさんは縄にかかった鶴を放して5)やりました。

---

1) 仲良い：사이좋다
2) 薪：장작, 땔나무
3) 鶴：학, 두루미
4) 縄にかかる：덫에 걸리다
5) 放す：놓아주다

6. 학의 보은

옛날 옛날에 어느 마을에 마음씨가 고운 할아버지와 할머니가 살고 있었습니다. 할아버지는, 매일 나무를 해서 할머니와 사이좋게 살고 있었습니다.

눈이 조금씩 날리는, 어느 추운 겨울아침—

할아버지는 여느 때처럼, 산에 나무를 하러 갔습니다. 걸어가고 있자니, 어디선가 끼이끼이하는 소리가 들여왔습니다.

"아, 저기다."

가보니, 아름다운 날개를 가진 두루미 한 마리가 덫에 걸려있었습니다.

"오, 이런 가엽게도…. 내가 살려주마."

할아버지는 눈의 산에서 덫에 걸린 두루미를 놓아주었습니다.

すると、鶴は嬉しそうに羽6)を振ってから、その羽をぐっと広げて空へ舞い上がり、おじいさんの頭の上をくるりとくるりと7)2、3回まわって山の方へ飛んでいきました。

その晩は吹雪8)になりました。囲炉裏9)に当たりながら、おじいさんがおばあさんに鶴を助けてやったことなど、一日のことを話していると、

「トントン、トントン―。」

面の戸をたたく音がしました。

「こんな吹雪の晩に人が訪ねて来るはずがない。気のせいだろう。」と話していると、今度は「ごめんください。ごめんください。」と言うか、細い声も聞こえました。おばあさんが慌てて10)、戸を開けてみると雪の中に美しい娘が立っていました。

---

6) 羽 : 새털, 깃

7) くるりくるり : 가볍게 여러 번 도는 모양 - 빙빙, 뱅글뱅글
   くるりと : 한바퀴 뱅그르르, 빙, 휙

8) 吹雪 : 눈보라

9) 囲炉裏 : 농가 따위에서 마룻바닥을 사각형으로 도려 파고 방한용, 취사용으로 불을 피우는 장치, 화로

10) 慌てる : 당황하다, 허둥거리다, 몹시 서두르다

그러자 두루미는 기쁜 듯이 날개를 흔들고 나서, 그 날개를 활짝 펴고, 하늘로 날아올라, 할아버지의 머리 위를 빙빙 두세 번 돌고는, 산 너머로 날아갔습니다.

그 날 밤은 눈보라가 쳤습니다. 화롯불을 쬐면서, 할아버지가 할머니에게 두루미를 구해준 것 등, 오늘 하루 있었던 일을 이야기하고 있는데,

"탕탕, 탕탕."

현관의 문을 두드리는 소리가 났습니다.

"이렇게 눈보라가 치는 밤에 누가 찾아올 리가 없어.

기분 탓이겠지."

라고 이야기하고 있는데, 이번에는

"실례합니다. 저기 계세요."

할머니가 당황해서, 문을 열어보니 눈 속에 아름다운 아가씨가 서 있었습니다.

「道に迷って11)しまいました。お願いです。

今夜はここに泊めてください。」

「かわいそうに、寒かろう。食べるものもあまりないが、

今晩はここに泊まっていきなさい。」

おばあさんは気の毒に思って娘を一晩、泊めてやること

にしました。

ところが吹雪は、あくる日も、あくる日も止みませんで

した。吹雪が止んだら、娘を旅立たせ12)ようと思っていま

したがこの天気では仕方がありません。

おじいさんたちには子供がいなかったので。娘としばら

く暮しているうちに本当の子供のように可愛くなってしま

いました。

娘の方も、家に帰るにも身寄りがないらしく三人はいつ

の間にか本当の親子のように暮らし始めました。

---

11) 迷う : 길을 잃다, 헤매다
12) 旅立つ : 여행을 떠나다, 여로에 오르다

"길을 잃고 말았습니다. 부탁입니다. 오늘밤은 여기에 묵게 해주세요."

"가엽게도, 춥지요. 먹을 것도 변변치 않지만, 오늘밤은 여기서 자고 가세요."

할머니는 가엽게 여겨, 아가씨를 하룻밤 재워주기로 했습니다.

그렇지만 눈보라는, 다음 날도 다음 날도 멈추지 않았습니다. 눈보라가 멈추면, 아가씨를 내보내려고 생각했지만, 이 날씨로서는 어쩔 도리가 없습니다.

할아버지와 할머니에게는 자식이 없었기 때문에, 아가씨와 한동안 같이 지내는 사이에, 친자식처럼 귀여워하게 되었습니다.

아가씨도, 집으로 돌아가려고 해도 의지할 곳이 없는 듯, 세 사람은 어느새, 친부모와 자식처럼 살기 시작했습니다.

ある日のこと、娘はおじいさんたちに、こう言いました。

「私、機を織って13)みたいので、道具を揃えていただけますか。」

おじいさんたちは、古い機織り機を納屋14)の奥から引っ張り出し、糸も買ってきて、娘に用意してやりました。

娘は、「これから機を織りますが、その間、決して戸を開けないでくださいね。」と言って、機織りの部屋に入ってしまいました。

「きいとんばたばたきいとんばたばた。」

機織りの音は、昼も夜も休むことなく、続きました。

おじいさんとおばあさんは、心配で仕方がありませんでしたが、戸を開けないと約束してしまったので中を覗く15)わけにもいきません。

三日後の朝、娘は疲れきった様子で、部屋から出てきました。

---

13) 機を織る : 베를 짜다
14) 納屋 : 헛간 - ものおき
15) 覗く : (좁은 틈, 구멍으로) 들여다보다, 엿보다

어느 날, 아가씨는 할아버지와 할머니에게 이렇게 말했습니다.

"저, 베를 짜는 일을 해보고 싶으니, 도구를 준비해 주시겠어요?"

할아버지는 낡은 베틀을 헛간 깊숙한 곳에서 꺼내고, 실도 사서, 아가씨에게 준비해 주었습니다.

아가씨는

"이제부터 베를 짤 터이니, 그 사이에 절대로 문을 열지 말아 주세요."

하고, 베 짜는 방으로 들어가 버렸습니다.

"끼익 탁탁, 끼익 탁탁."

베 짜는 소리는, 낮도 밤도 쉼 없이 계속되었습니다.

할아버지와 할머니는, 걱정이 되어, 어쩔 줄 몰랐지만, 문을 열지 않겠다고 약속을 해버렸기에 안을 엿볼 수도 없습니다.

3일 후 아침이 되어, 아가씨는 완전히 지친 모습으로 방을 나왔습니다.

　しかし、織り上がった布は、だれも見たことがないような、それはそれは見事16)なものでした。

「おお、なんと美しい布じゃ。」

「おじいさん、この布を町で売ってきてください。」

　娘の言う通りに17)、布を売りに行くと、びっくりするような高い値で売れました。おじいさんは、そのお金で食べ物をどっさり18)買うことができました。

　三人は、布を売った金で楽に暮していましたが、しばらくすると、娘はまた機を織ると言い出しました。

「絶対に、覗かないでくださいね。」

　娘にはそう言われましたが、三日三晩、寝ないで機を織る娘が心配で仕方がありません。

　おじいさんたちは、とうとう戸を開けて中をの覗いてしまいました。

---

16) 見事：ダ形容詞 훌륭함, 멋짐, 뛰어남
17) 〜通りに：〜대로(教えられた〜に実行する：배운 대로 실천하다)
18) どっさり：듬뿍, 많이, 잔뜩

그런데, 다 짜진 천은, 이제껏 누구도 본적이 없을 듯한 훌륭한 천이었습니다.

"이 얼마나 아름다운 천이냐!"

"할아버지, 이 천을 마을에 내다 팔아오세요."

아가씨가 말한 데로 천을 팔러가니, 놀랄 만큼 비싼 가격에 팔렸습니다. 할아버지는 그 돈으로 먹을 것을 듬뿍 살수가 이었습니다.

세 사람은 천을 판 돈으로 편하게 살게 되었습니다만, 얼마 후, 아가씨는 또, 베를 짜겠다고 말을 꺼냈습니다.

"절대로 엿보지 말아 주세요."

아가씨에게는 이렇게 말을 들었지만 3일째 밤, 잠도 자지 않고 베를 짜는 아가씨가 걱정이 되어 견딜 수가 없습니다. 결국 할아버지와 할머니는 문을 열어, 안을 엿보고 말았습니다.

なんと、そこには娘ではなく、一羽の鶴が自分の羽を抜きながら布[19]をおっていたのです。

まもなく娘は織ったばかりの美しい布を、おじいさんとおばあさんに差し出して言いました。

「決して中を見ないでと言ったのに約束を守ってくれませんでしたね。

私は、山でおじいさんに助けていただいた鶴です。ご恩返しをするために、人間の姿になりました。でも、ほんとうの姿を見られてしまったので、もうこの家にはいられません。

さようなら、おじいさん、おばあさん。」そういうと、娘はあっという間に鶴になって、空高く飛びたっていきました。

おじいさんたちは泣きながら、鶴の後ろ姿を見送り[20]ました。

---

19) 布 : 천 ①직물의 총칭 ②포목: 삼베, 무명
20) 見送る : 배웅하다, 전송하다

놀랍게도 거기에는 아가씨가 아니라 한 마리의 두루미가 자기의 깃을 뽑으면서 천을 짜고 있었던 것입니다.

이윽고 아가씨는 짠지 얼마 안 되는 아름다운 천을 할아버지와 할머니에게 내놓고 말하였습니다.

"절대 안을 들여다보지 말아달라고 했는데, 약속을 져버리셨네요. 저는 산에서 할아버지에게 도움을 받은 두루미입니다. 은혜 갚음을 하기 위해 인간의 모습이 되었습니다.

하지만 진짜 모습을 보이게 되었으니 이제 이 집에는 있을 수가 없습니다.

안녕히 계세요. 할아버지, 할머니."

그렇게 말하고 나서, 아가씨는 눈 깜짝할 사이에 두루미가 되어, 하늘 높이 날아가 버렸습니다.

할아버지, 할머니는 눈물을 흘리며, 두루미의 뒷모습을 배웅했습니다.

◈ きしょう(気象)기상, てんき(天気)날씨

はれ(晴れ) : 맑음   **くもり(曇り)** : 흐림   **あめ(雨)** : 비

ゆき(雪) : 눈   **かぜ(風)** : 바람   **くも(雲)** : 구름

そら(空) : 하늘   **こおり(氷)** : 얼음   **たいふう(台風)** : 태풍

いなずま : 번개(いなづま)   **にじ(虹)** : 무지개   **あられ** : 싸라기눈(はさめ)

つゆ(梅雨) : 장마   **きり** : 안개   **かさ(傘)** : 우산

かみなり : 천둥   **じしん** : 지진

◆ 날씨·계절에 관한 중요한 단어

天気予報(일기예보)	梅雨=梅雨(장마)	気候(기후)
四季(사계절)	季節(계절)	春夏秋冬(춘하추동)
春(봄)	夏(여름)	秋(가을)
冬(겨울)	小雨(가랑비)	にわか雨(소나기)
嵐(폭풍우)	雷(천둥)	春雨(봄비)
大雨(많은비)	五月雨(五月장마)	時雨(가을비)
氷雨(雹우박)	綿雪(함박눈)	吹雪(눈보라)

◆ 身体の名称 (신체의 명칭)

· 彼女はかわいらしいですね。

· 彼は背が高く、ハンサムですね。

· 産婦人科はどこですか。

· 診察したいです。頭が痛い。

· すぐ手術をお願いします。

· 薬を出してもらいます。

◆ 병원 관련의 어휘

病院 : 병원	医者 : 의사	目眩 : 현기증	看護婦 : 간호사
眼科 : 안과	耳鼻咽喉科 : 이비인후과		皮膚科 : 피부과
精神科 : 정신과	薬 : 약	頭痛 : 두통	注射 : 주사
内科 : 내과	歯科 : 치과		手術 : 수술
外科 : 외과	小児科 : 소아과		処方せん : 처방전

일곱 번째 이야기

舌切りの雀

した き　　　すずめ

7. 舌切りのすず

昔々、ある所におじいさんとおばあさんがいました。

おじいさんは毎日山へしばかりに行きました。

ある日、おじいさんが山でけがをした[1]雀[2]を見つけて、家に連れて帰りました。薬をぬって[3]えさをたべさせるとすずめは元気になり、チュンチュンと鳴いておじいさんに甘えました[4]。

「おお、かわいいなあ。」おじいさんは、雀を子供のようにかわいがりました[5]。

おじいさんとすずめはとても仲良く[6]なって、いつもいっしょにいました。仕事の時も、食事の時もすずめはおじいさんのまわりを飛んだり、おじいさんの肩に乗ったりしていました。

---

1) 怪我をする : 다치다, 상처를 입다
2) 雀 : 참새
3) 薬をぬる : 약을 바르다
4) 甘える : 응석부리다, 어리광부리다
5) 可愛がる : 귀여워하다, 애지중지하다
6) 仲良く : 사이좋게

7. 혀 잘린 참새

옛날, 옛날, 어느 곳에 할아버지와 할머니가 살고 있었습니다. 할아버지는 매일 산으로 땔감을 베러 갔습니다.

어느 날, 할아버지는 산에서 상처를 입은 참새를 발견하고, 집으로 데리고 돌아왔습니다.

약을 바르고 먹이를 주자 참새는 기운을 차리고 짹짹하고 울며 할아버지에게 어리광을 부렸습니다.

「아이구, 귀여워라」

할아버지는 참새를 아이처럼 귀여워했습니다.

할아버지와 참새는 매우 사이가 좋아서 언제나 함께 했습니다. 일할 때도, 밥을 먹을 때에도 참새는 할아버지의 주위를 날아다니거나, 할아버지의 어깨에 올라타기도 했습니다.

할아버지는 매우 좋아하는 그 참새에게 「쫀」이라고 이름을 짓고 귀여워하며 놀아주었습니다.

おじいさんはその大好きなすずめに「ちょん」と名付けて7)、かわいがり、遊んであげました。

ある日のこと――。

おじいさんは山へ、柴を刈りに出かけ8)、おばあさんは川へ洗濯に行きましたが、おばあさんは出かける時に、スズメに向かって、「スズメや、スズメや。のりを作っておいておくれよ。」と言って、頼んでいきました。

こうして、おばあさんは洗濯が終わって、家へ戻って来ましたが、スズメに、

「スズメや、スズメや。のりを作っておいたかい。」と、たずねました。スズメは、「はい、おばあさん、作っておきましたよ。」「では、どこにあるかの。」

「納戸9)の隅にあるがの。」「あらへんがの。」

「じゃあ、座敷10)の隅にあるがの。」

---

7) 名付ける : 이름짓다, 일컫다
8) 柴刈りに 行く : 장작을 베러 가다
9) 納戸 : (의복・세간 등을) 간수해 두는 방, 헛방.
10) 座敷 : ①다다밋방: 특히 객실, 손님방 ②잔치 좌석

어느 날, 할아버지는 산으로 땔감을 베러 나가고, 할머니는 냇가로 빨래를 하러 갔는데, 할머니는 나갈 때에 참새에게,

「참새야, 참새야. 풀을 쑤어 놓아라.」

라고 부탁하고 나갔습니다.

그리고 나서 할머니는 빨래를 마치고 집으로 돌아와 참새에게,

「참새야, 참새야. 풀 쑤어놓았니?」

하고 물었습니다. 참새는,

「네, 할머니, 쑤어 두었어요.」

「그럼, 어딨니?」

「헛방 구석에 있을까요?」

「어라, 없네.」

「그럼, 응접실(객실)구석에 있을까요?」

「어라, 없다. 여러 번 찾아봤는데도……」

참새는 이제 어쩔 수 없이,

「あらへんが。なんぼ探しても‥‥‥‥。」

スズメはとうとう、仕方なしに、「なあ、お祖母さん。

のりをひと口嘗めて11)みたら、あんまりうまいんで、み
んな嘗めてしまったの。」「毎日えさをあげったのに、そが
いなことしたら、どうにもならんよ。」おばあさんは、たい
へんにおこって、

「ほなら、障子12)のあなから舌あ出せ。」

言って、はさみを持って来て、スズメの舌をチョンキン
と切ってしまいました。スズメは、「いたいわいや、いたい
わいや。舌がいたいわいや。」と鳴きながら、どこかへ逃げ
ていってしまいました。

しばらくしておじいさんは山から帰ってきて、「ちょん、
ちょん。」と呼びましたが、大好きなすずめの姿が見えませ
ん。「おばあさん、ちょんはどこにいる。」と聞きましたが、
おばあさんは

---

11) 嘗める : ①핥다=ねぶる ②(불길이 혀로 핥듯이) 불태우다
　　③맛보다 ④(쓰라림을) 겪다, 체험[경험]하다 ⑤깔보다
12) 障子 : (일본의 방에서) 칸막이로 쓰인 장지

「저, 할머니. 풀을 한 입 맛보았더니, 너무 맛있어서, 전부 핥아 먹어버렸어요.」

「매일 먹이를 주었는데 그런 짓을 하면 안돼.」

할머니는 매우 화가 나서, 「그럼, 장지문틈 구멍에다 혀를 넣어라.」라고 말하고 가위를 가지고 와서 참새의 혀를 싹둑 잘라버렸습니다. 참새는,

「아파, 아파요. 혀가 아파요.」라고 울면서 어디론가 도망가 버렸습니다.

잠시 후 할아버지가 산에서 돌아와, 「쫀, 쫀.」하고 불렀지만, 그렇게도 좋아하던 참새의 모습이 보이지 않았습니다.

「할멈, 쫀은 어디 있어?」라고 묻자, 할머니는,

「おじいさんや。あのスズメは、のりを作って13)おけって云いつけたら、みんな誉めてしまうよ。

それで障子のあなから、舌を出さして、はさみで切ってやったがな。」と答えました。

おじいさんは「何と言うことだ。それは、ばあさんがわるいぞ。」と言って、探しに出かけました。

おじいさんは歩き回って、川にたどりつき牛洗いに会いました。「牛洗いさん、舌切りすずめを見なかったか。」とおじいさんがたずねました。

「見た、見た。でも、牛の洗い水を七杯飲まないと教えないぞ。」と牛洗いが言いました。

おじいさんは、すずめに会いたい一心で汚い14)水を七杯、我慢15)して飲みました。

そして牛洗いは、「その道をずっと行って、馬洗いさんに聞けば良い。」と教えました。

---

13) 糊を作る : 풀을 쑤다
14) 汚い : 더럽다, 지저분하다
15) 我慢 : 참음, 견딤, 인내

「글쎄, 영감. 그 참새는 『풀을 만들어 놓아라』라고 말했더니, 다 핥아 먹어버렸어요. 그래서 장지문틈의 구멍에 혀를 넣게 해서 가위로 잘라버렸어요.」라고 대답했습니다. 할아버지는,

「어쨌다고? 그건 할멈이 잘못했어.」라 말하며 쫀을 찾으러 나갔습니다.

할아버지는 이리저리 돌아다니다 냇가에 이르러 소 씻는 사람을 만났습니다.

「소 씻는 사람아, 혀 잘린 참새를 보지 못했니?」라고 할아버지가 물었습니다.

「봤어요, 봤어. 근데 소 씻긴 물을 7잔 마시지 않으면 알려줄 수 없어요.」라고 소 씻는 사람이 말했습니다. 할아버지는, 참새를 만나고 싶은 마음에, 더러운 물을 7잔, 꾹 참고 마셨습니다. 그러자 소 씻는 사람은,

「저 길을 계속 가서, 말 씻는 사람에게 물어보면 돼.」라고 알려주었습니다.

할아버지는 계속 걸어서 말 씻는 사람이 있는 곳에 다다랐습니다.

　おじいさんは歩き続けて、馬洗いがいるところにつきました。「馬洗いさん、舌切りすずめを見なかったか。」とおじいさんはたずねました。

　「見た、見た。でも、馬の洗い水を七杯飲まないと教えないぞ。」と馬洗いが答えました。

　おじいさんはまた汚い水を七杯、飲みました。

　そして馬洗いは「その山道を歩いて、竹薮16)に行けば、すずめの宿がある。」と教えました。

　おじいさんは山道を歩いて、竹薮に入りました。おじいさんはすずめの宿について「あの、うちの舌切雀は、おらんかいの。」とたずねますと、舌切雀が出て来ました。

　これを見たおじいさんは、ニコニコ顔で「まあまあ、かわいや舌切られて……。」

　スズメは、さっそく「おじいさん、よくいらっしゃいました。

　どうぞおあがりください。」

---

16) 薮 : 덤불, 대숲

「말 씻는 사람아, 혀 잘린 참새를 보지 못했니?」라고 할아버지는 물었습니다.

「봤어요, 봤어. 그런데 말 씻긴 물을 7잔 마시지 않으면 알려줄 수 없어요.」라고 말 씻는 사람이 대답했습니다.

할아버지는 또 더러운 물을 7잔, 마셨습니다.

그러자 말을 씻는 사람은,

「저 산길을 걸어서 대나무 숲에 가면 참새가 사는 집이 있어요.」라고 가르쳐주었습니다.

할아버지는 산길을 걸어서 대나무 숲으로 들어갔습니다. 할아버지는 참새가 사는 집에 이르러,

「저, 우리 혀 잘린 참새 있니?」라고 묻자,

「아, 있어요.」라며 혀 잘린 참새가 나왔습니다.

이것을 본 할아버지는 생글생글 웃는 얼굴로,

「불쌍한 녀석, 불쌍한 녀석. 혀를 잘리다니……」

참새는 재빨리,

「할아버지, 잘 오셨어요. 어서 들어오세요.」

と、座敷へ案内して、たいへんなもてなしをして、スズメ
がおどるめずらしいものを、見せてあげました。おじいさ
んとちょんはお互いに嬉しくて、いろいろな話をしました。
おじいさんはちょんを家につれて帰ろうとしましたが、すず
めは

「もうおばあさんのところには行きません。」と断りました。
おじいさんは寂しく17)なりましたが、ちょんの気持がよく
わかりました。そして、おじいさんが「じゃあ、もう帰る。」
と言うと、すずめはつづらを二つ持って来ました。

「おじいさん、お土産18)を持って帰ってください。

大きなつづらと小さなつづらと、どちらかを選んでくだ
さい。」

おじいさんは「おれは年寄りだから、小さい方が良い。」と
行って、小さなつづらを背負って家に帰りました。

家に帰って、おじいさんがつづらを開けて見るとびっく
りしました。つづらの中に、金や銀や宝物が

---

17) 寂しい：외롭다
18) お土産：토산물, 특산물, 선물

하며 응접실로 안내해서, 성대하게 대접하고 참새가 춤추는 신기한 것을 보여주었습니다. 할아버지와 참새는 서로 기분 좋게 여러 가지 이야기를 했습니다.

할아버지는 쫀을 집으로 데리고 돌아가려고 했지만, 참새는,

「이제 할머니가 계시는 곳에는 가지 않겠습니다.」라고 거절했습니다.

할아버지는 쓸쓸했지만, 쫀의 기분을 잘 알 수 있었습니다.

그래서 할아버지는,

「그럼, 이만 돌아가마.」라고 말하자 참새는 옷 고리짝을 두 개 가지고 왔습니다.

「할아버지, 선물을 가지고 돌아가 주세요.

큰 상자와 작은 상자, 어느 쪽인가를 골라 주세요.」

할아버지는, 「나는 늙은이니까 작은 쪽이 좋아.」라고 말하고 작은 상자를 짊어지고 집으로 돌아갔습니다. 집에 도착해서 할아버지가 상자를 열어보고 깜짝 놀랐습니다.

그 속에는 금, 은, 보화가 가득 들어있었기 때문입니다.

いっぱい入っていたのです。

おじいさんがおばあさんに詳しく旅のことを話すと、おばあさんは怒り19)ました。

おばあさんは「何で小さなつづらを選んだの。

私が行って大きなつづらをもらってくる。」と言いました。

おばあさんはおじいさんに教えてもらった道を歩いて行って、牛洗いのところにつきました。

「牛洗いさん、舌切りすずめを見なかった。」とおばあさんがたずねると、牛洗いが「見た、見た。でも、牛洗いの水を七杯飲まないと教えないぞ。」と言いました。

するとおばあさんは怒って「何て、汚い水。

道を知っているから飲まないよ。」と言って、馬洗いのところに行きました。

同じように、おばあさんは洗い水を飲まずに道を探して、ようやくすずめの宿につきました。

---

19) 怒る : 화내다

할아버지가 할머니에게 여행의 일을 자세히 이야기하자, 할머니는 화를 냈습니다.

「어째서 작은 고리짝을 선택했어요. 내가 가서 큰 고리짝을 받아 오리다.」하고 할머니가 말했습니다.

할머니는 할아버지가 알려준 길을 걸어가, 소를 씻는 사람이 있는 곳에 이르렀습니다.

「소 씻는 사람아, 혀 잘린 참새를 보지 못했니?」하고 할머니가 묻자, 소를 씻는 사람이,

「봤어요, 봤어. 근데 소를 씻긴 물을 7잔 마시지 않으면 알려줄 수 없어요.」라고 소를 씻는 사람이 말했습니다. 그러자 할머니는 화를 내며,

「얼마나 더러운 물인가. 길을 알고 있으니까, 마시지 않겠어.」하고 말하고, 말 씻는 사람이 있는 곳으로 갔습니다.

마찬가지로, 할머니는 더러운 물을 마시지 않고 길을 찾아서 겨우 참새가 사는 곳에 도착했습니다.

　すずめが「おばあさん、どうして来たんですか。」とたずねると、「ずっとおまえの面倒を見ていたから、たずねて来た。」とおばあさんは答えました。

　舌切りすずめはご馳走しましたが、おばあさんは「あまり時間がないので、お土産をもらって帰る。」と言いました。すずめはつづら20)を二つ持って来て、「大きなつづらと小さなつづらと、どちらでも好きなものをどうぞ。」と言いました。おばあさんは、「私はまだ足が丈夫だから、大きなつづらをもらう。」と言って重いつづらを背負って21)すずめの宿を出ました。

　しばらく歩いていると疲れてきたので、一休みすることにしました。おばあさんはつづらの中にある宝物が見たくなりました。すずめは「家につく前につづらを開けてはいけません。」と言いましたが、おばあさんはもう我慢できずに、つづらを開けてしまいました。するとつづらの中から、蛇22)やむかでや化け物がいっぱい出て来ました。恐ろしさに、おばあさんは息の根23)が止まるほど逃げって帰りました。

---

20) つづら : 옷고리짝
21) 背負う : 짊어지다
22) 蛇 : 뱀
23) 息の根 : 숨통

참새가, 「할머니, 어째서 오셨습니까?」라고 묻자, 「줄곧 너를 돌보아 주었으니까 찾아 왔다.」라고 할머니는 대답했습니다. 혀 잘린 참새는 만찬을 대접했으나, 할머니는 「그다지 시간이 없으니까, 선물을 받고 돌아가겠다.」하고 말하였습니다.

참새는 상자를 두 개 가지고 와서,

「큰 상자와 작은 상자 중, 어느 쪽이든지 좋은 것을 가지세요.」라고 말했습니다. 할머니는,

「나는 아직 다리가 튼튼하니까, 큰 상자를 갖겠다.」라고 말하고 무거운 상자를 짊어지고 참새가 사는 집을 나왔습니다. 얼마동안 걷고 있자니, 피곤해져서 잠깐 쉬기로 했습니다.

할머니는 상자의 안에 있는 보물이 보고싶어졌습니다. 참새는, 「집에 도착하기 전에 상자를 열어서는 안됩니다.」주의시켜 말했지만, 할머니는 이제 더는 참을 수가 없어서 상자를 열어버렸습니다. 그러자 상자 안에서 뱀이랑 지네, 괴물 등이 가득 나왔습니다.

너무나 무서워서, 할머니는 숨이 멈출 정도로 도망쳐 돌아왔습니다.

◆ 家族(가족)

낮춤말(겸양어)	높임말(존대어)	意味
ちち(父)	おとうさん	아버지
はは(母)	おかあさん	어머니
りょうしん(両親)	ごりょうしん	양친
しゅじん(主人)、おっと(夫)	ごしゅじん	남편
かない(家内)、つま(妻)	おくさん	아내, 부인
あに(兄)	おにいさん	형 또는 오빠
あね(姉)	おねえさん	누나 또는 언니
おとうと(弟)	おとうとさん	남동생
いもうと(妹)	いもうとさん	여동생
きょうだい(兄弟)	ごきょうだい	형제
むすこ(息子)	むすこさん	아들
むすめ(娘)	むすめさん	딸
そふ(祖父)	おじいさん	할아버지
そぼ(祖母)	おばあさん	할머니
おじ(叔父)	おじさん	아저씨
おば(叔母)	おばさん	아주머니
おい	おいごさん	조카(남자)
めい	めいごさん	조카딸
いとこ	いとこのかた	사촌(종형제)
しんせき(親戚)、しんるい(親類)	ごしんせき、ごしんるい	친척
かぞく(家族)	ごかぞく	가족

・ご家族はみんなお元気ですか。
・ご兄弟は何人ですか。
・ご両親といっしょに住んでいるんですか。
・父は会社に勤めています。

여덟 번째 이야기

8. 一人の侍

　昔々のことです。一人のさむらいがある農民の家に来て、一晩泊めて1)くれと頼みました。

　「家には布団2)がありませんが、よろしかったら、どうぞお泊まりください。今晩はとても寒うございます。このござ3)をかけてお休みください。」

　「いや、私はたびたび4)戦5)をしてきた。その時はいつも野宿で、物をかけて寝たことなどはない。心配は無用6)だ。」こう言って、さむらいはごろりと7)そこに寝てしまいました。しかし、夜中8)になると、だんだん9)寒くなってきて、さむらいはとうとう10)我慢11)ができなくなりました。

---

1) 泊める : 숙박시키다, 묵게 하다
2) 布団 : 이부자리, 이불
3) ござ : 테두리를 댄 돗자리
4) たびたび : 여러 번, 자주
5) 戦 : 전쟁, 싸움
6) 無用 : 쓸데없음, 필요 없음
7) ごろりと : 아무렇게나 눕는 모양
8) 夜中 : 밤중, 한밤중
9) だんだん : 차차, 점점
10) とうとう : 드디어, 결국

8. 한 사람의 무사

옛날 옛날의 이야기입니다. 한사람의 무사가 어느 농가에 가서 하룻밤 묵게 해 달라고 부탁했습니다.

"저희 집에는 이부자리가 없습니다만, 괜찮다면 묵으세요. 오늘밤은 굉장히 춥습니다. 이 돗자리를 덮고 주무세요."

"아니, 나는 자주 전쟁을 해 왔네.

그 때는 항상 들판에서 잤고, 무엇을 덮고 잔적 따윈 없어. 걱정하지 말게."

이렇게 말하고서 무사는 벌렁 드러누워 잠들어 버렸습니다. 그러나 한밤중이 되자 점점 추워져 무사는 결국 참을 수 없게 되었습니다.

---

11) 我慢 : 참음, 자제(自制)

　さむらいは家の者を起こして12)言いました。

「おいおい、この家のねずみにはいつも足を洗わせている
か。」

「いいえ、そんなことはさせておりません。」

「そうか、それでは足が汚いな。踏まれる13)と、おれの着
物が汚れる14)。ござをかけてくれ。」

---

12) 起こす : 일으키다, 깨우다
13) 踏む : 밟다
14) 汚れる : 더러워지다

무사는 집주인을 깨워서 말했습니다.

"이봐, 이 집쥐들에게 항상 발을 씻도록 하고 있는가?"

"아니오, 그렇지 않습니다."

"그래? 그럼 발이 더럽겠군.

 밟히면 내 옷이 더러워지니 돗자리를 덮어주게."

◆ 틀리기 쉬운 한국어와 일본어의 한자 비교

한국어	일 본 어	한국어	일 본 어
工夫공부	勉強(べんきょう)	초등학교	小学校(しょうがっこう)
登記등기	書留(かきとめ)	**便紙**편지	手紙(てがみ)
人事인사	挨拶(あいさつ)	자기	自分(じぶん)
우체국	郵便局(ゆうびんきょく)	우표	切手(きって)
재수생	浪人(ろうにん)	다방	喫茶店(きっさてん)
学院학원	塾・予備校 (じゅく・よびこう)	일기	天気(てんき)
감기	風邪(かぜ)	생일	誕生日(たんじょうび)
사계절	四季(しき)	파출소	交番(こうばん)
사전	辞書(じしょ)	일	仕事(しごと)
경치	景色(けしき)	시골	田舎(いなか)
친구	友達(ともだち)	고교시절	高校時代 (こうこうじだい)
助教조교	助手(じょしゅ)	차표	切符(きっぷ)
書芸서예	書道(しょどう)	**愛人**애인	恋人(こいびと)
昨年작년	去年(きょねん)	가격	値段(ねだん)
경우	場合(ばあい)	이름	名前(なまえ)

아홉 번째 이야기

こぶとり爺さん

9. ぶとり爺さん

　昔々、あるところに、握り1)こぶしぐらいの、目障り2)になるこぶが、ほっぺた3)のところにくっついているおじいさんが、二人住んでいました。

　二人はいつも顔を見合わせるたびに、「何とかしてこのこぶ4)を取ってもらうことは、できないかな。」「俺もそう思ってるんだけど。」と言って、嘆い5)ていました。

　そこで、二人のおじいさんは、「じゃあ、こいつを取ってもらえるように、山奥の神様にお参りして、一つ願掛けをしてみよう。」

---

1) 握り：쥠, 잡음(握りこぶし 拳 주먹 = げんこつ)
2) 目障り：눈에 거슬림, 보는 데 방해가 됨
3) ほっぺた：俗 뺨, 볼따구니
4) こぶ：혹
5) 嘆く：한탄하다

9. 혹부리 영감

옛날 옛날, 어느 마을에 주먹만한 눈에 거슬리는 혹이 볼의 한곳에 착 달라붙어 있는 영감이 두 명 있었습니다.

두 영감은 항상 마주 볼 때마다,

"어떻게 해서든 이 혹을 뗄 수는 없을까?"

"나도 그렇게 생각하고 있네만……"

하고 말하며 한탄하고 있었습니다.

그래서, 두 영감은,

"그럼, 이 혹이 떨어지도록, 깊은 산 속 신에게 가서, 한번 소원을 빌어보자."

と社6)に夜ごもり7)をすることにしました。

　そして、一心になって、「神様、どうぞこのこぶを、取ってくれませんか。」「何とか、お願いします。」と、お願でおりました。

　すると、真夜中のことです。なんだか遠くの方から、不思議な物音が聞こえて来るのではありませんか。

　「こんな夜中にいったい、何だろう。」「何かな。」

　音をよく聞いてみると、どうやら、笛や太古の楽しげなおはやしのようでした。

　「ソレレソレレトヒャラトヒャラストトンストトン。」

　音はどんどん近づいて来ました。

　二人のおじいさんは、顔を見合わせました。

　「こいつは気味が悪い。どうしよう。」二人は慌てて、柱の陰に隠れました。

---

6) 社 : 신사(=神社)

7) 夜籠もり : 신사, 절등에서 밤을 세워 치성을 드림

라고 신사에 치성을 들리러 가기로 했습니다.

그리고, 한마음이 되어,

"신이시여, 제발 이 혹을 떼어 주십시오."

"아무쪼록 부탁드립니다."

라고 빌었습니다.

그러자, 한밤중 이였습니다. 왠지, 멀리서부터 이상한 소리가 들려오지 않습니까? 게다가, 그것이 점점 가까이 다가오는 것입니다.

"이 밤중에 대체 무슨 일이지."

"음..멀까."

소리를 잘 들어보니, 아무래도, 피리와 북의 흥겨운 연주소리인 것 같았습니다.

"소레레 소레레 도햐라 도햐라 스토톤 스토톤."

소리는 점점 가까이 다가 왔습니다. 두 영감은 얼굴을 마주보았습니다.

"이거 어쩐지 기분이 좋지 않다. 어떻게 하지?

　すると、いきなりやしろの戸がガラリと開き、大きな体の天狗8)たちが、どやどやと入って来ました。

　みると、赤い顔をして、鼻の高い天狗たちでした。

　そして、社の広間にドカッと腰を下ろすと、笛や太古でまた、「ソレレ　ソレレ　トヒャラ　トヒャラ　ストトン　ストトン。」

と、やりはじめました。

　そのはやしは、本当に面白いのですが、どうもはやしばかりで、舞い手がありません。天狗たちもしばらくしますと、どうも飽きてしまったとみえて、「おい、きみ、踊れ。」

「いや、きみこそ。」

　踊りのうまい天狗は、一人もいなかったのでしょう。

　すると、一人の天狗が、「仕方ないな、だれも踊らないとは、なさけない。」と言いながら、ふと傍ら9)をみたひょうしに10)、隠れていたおじいさんを、見つけてしまいました。

---

8) 天狗 : 괴물
9) 傍ら : 옆
10) ひょうしに : 순간

두 사람은 서둘러, 기둥 뒤에 몸을 숨겼습니다.

그러자, 갑자기 신사의 문이 드르륵하고 열리고, 커다란 체구의 괴물들이 우르르 들어 왔습니다. 보자니, 빨간 얼굴을 하고, 코가 높은 괴물들이었습니다.

그리고 신사의 큰방에 털썩하고 앉더니, 피리와 북으로 또다시,

"소레레 소레레 도햐라 도햐라 스토톤 토톤."

하고, 연주하기 시작했습니다.

그 음악은 정말 재미있는 것입니다만, 도무지 음악뿐이고, 춤추는 이가 없습니다. 괴물들도 시간이 지나자, 아무래도 싫증이 나 버린 것처럼 보이더니,

"어이, 자네 춤춰봐"

"싫어, 자네야말로 춰봐"

춤 잘 추는 괴물은, 한 명도 없었던 것이겠죠.

그러자 한 괴물이,

"어쩔 수 없군, 아무도 춤을 추지 않다니, 한심하다."

라고 말하면서 문득 옆을 본 순간, 숨어있던 영감을 발견했습니다.

「何だ、こんなところに、人間のおじいさんがいるぞ。お前が踊ってみろ。」と言って、一人のおじいさんの袖をつかんで、みんなの前につき出しました。

おじいさんは、これには恐ろしくて、「ウアッ、神様。」と叫びながら、ガタガタ震えていましたが、いつの間にかそのはやしが、何とも言えず面白かったので、「さあ、おじいさん。踊れ、踊れ。」という天狗の言葉に、つい調子11)に乗せられて、だんだんと体も手も動きだし、足も調子に合わせて、とうとうこんな歌をうたいながら、踊り始めました。

「くるみは ぱっぱ ぱあ ぱあ ぱあぱずく。」

何という意味の歌か、まるっきり12)分からない歌を、三回も繰り返して、何もかも忘れたように、歌いながら踊りました。

これには天狗たちも、大喜びで、

---

11) 調子：음정, 박자, 리듬

12) まるっきり：(부정의 말을 수반하여) 도무지, 전혀

"뭐야, 이런 곳에 인간인 영감이 있네.

네가 춤춰 봐라."

라고 말하며, 한 영감의 소매를 잡아, 괴물들 앞에 세웠습니다. 영감은 너무도 무서워서,

"우웃… 신이시여."

라고 부르지르며 덜덜 떨고 있는데, 어느새 그 음악이 뭐라고 말할 수 없이 재미있어서,

"자, 영감, 춤춰, 춤춰"

라고 말하는 괴물들의 말에, 그만 리듬을 타게되고 점점 몸도 손도 움직이기 시작하고, 다리도 박자에 맞춰, 결국 이런 노래를 부르면서 춤추기 시작했습니다.

"쿠루미와 빳빠 빠아 빠아 빠아빠즈쿠."

무슨 의미의 노래인지, 도무지 알 수 없는 노래를 3번이나 반복해서 부르고, 모든 것을 잊어 버린듯이 노래를 부르면서 춤을 췄습니다.

이것에 괴물들도 대단히 기뻐하며,

"참, 이거 재미있네 재미있어."

「これ面白い、面白い。」..「うん。面白い踊りだな。」

「しかし、お前のほっぺについている、その大きなこぶが、せっかくの面白い踊りを、台なしにするじゃないか。

一つそのこぶを、取ってやろう。」と言うやいなや、天狗たちはおじいさんのほっぺのこぶをときれいに取ってしまいました。

不思議なことに、こぶを取られても、痛くも痒くもありませんでしたので、おじいさんは急に頭が軽くなったような気がして、晴れ晴れ13)とした顔つき14)で、引き下がり15)ました。

そして、「さあ、今度はつぎのおじいさんの番だぞ。」もう一人のおじいさんが、天狗たちの真中へ突き出16)されました。

天狗たちは「それ、お前も踊ってみろ。」と言って、またはやしを始めました。

---

13) 晴れ晴れ : 후련한, 시원한
14) 顔つき : 표정
15) 引き下がる : 물러나다
16) 突き出す : 떠 밀어내다

"응, 정말 재미있는 춤이구나."

"그런데, 너 이마에 붙어있는 그 큰 혹이 모처럼 재미있는 춤을 방해하지 않느냐! 그 혹을 떼어주지."

라고 말하자마자, 괴물들은 영감의 볼에 붙어있는 혹을 깨끗하게 떼어버렸습니다.

이상하게도, 혹이 떼어졌어도, 아프지도 가렵지도 않아서, 영감은 갑자기 머리가 가벼워진 기분이 들어, 후련한 표정을 하고, 물러났습니다.

그리고,

"자, 이번에는 다음 영감 차례다."

다른 한사람의 영감이, 괴물들의 한 중앙에 떠밀려 나왔습니다. 괴물들은,

"거기 너도 춤춰봐."

라고 말하며, 또 연주를 시작했습니다.

「ソレレソレレトヒャラトヒャラストトンストトン。」

ところが、どうもこのおじいさんは、ただ恐ろしさが先に立って、体がブルブル震えて止まりません。

膝はガクガクして伸びず、手はブルブルして、どうしても調子に乗っては来ないのです。

「それ、踊れ、踊れ。何をしてる。」

と、せき立てられて、仕方なくへっぴり腰17)で、やっと立ち上がって、歌をうたいながら、踊ろうとしましたが、体はまるで動きません。

声は震えて小さく、歌にも踊りにもなってはいません。これでは陽気なことの好きな天狗たちも、うんざり18)して、

「やあやあ、もっとしっかり踊らんかい。」

その声におじいさんはますます震え上がって、とうとうドースンと尻餅19)をついて、ウワーンと泣き出してしまいました。

天狗たちはこれには機嫌が悪くて、

---

17) へっぴり腰 : 불안한 자세, 엉거주춤한 자세

18) せき立てる : 재촉하다, 쫓다

19) 尻餅をつく : 엉덩방아를 찧다

"소레레 소레레 도햐라 도햐라 스토톤 스토톤."

그런데, 도무지 이 영감은, 단지 무서움만 앞서서, 몸이 덜덜 떨려 멈추지 않았습니다. 무릎은 오들오들 떨려서 펴지지 않고, 손은 부들부들 떨려서, 어떻게 해도 리듬이 타지지 않는 것입니다.

"거기, 춤춰, 춤춰. 뭐 하는 거야."

라고 재촉 받자, 하는 수 없이 엉거주춤한 자세로, 겨우 일어서서, 노래를 부르며 춤을 추어보려 했지만, 몸은 전혀 움직이지 않았습니다. 목소리는 떨려서 작고, 노래도 춤도 되지 않았습니다. 이래서는 쾌활한 것을 좋아하는 괴물들도 지겨워서,

"이봐, 이봐. 더 확실하게 추지 못하나?"

그 소리에 영감은 더욱더 떨려서, 결국 털썩 엉덩방아를 찧고, 우앙 하고 울고 말았습니다.

괴물들은 이걸로 기분이 나빠서,

「この臆病じいさん、俺たちの顔がそんなにおかしいか。せっかくのかぐら20)が台無しになってしまった。

お前みたいなじいには、二度と見たくない。

さあ、このこぶを持って帰れ。」と、先ほどのおじいさんから取ったこぶを、投げつけ21)ました。

「ウワーッ。」

そのおじいさんは、びっくりして、ほっぺたを擦りまわ22)して見ると、前からあったこぶの反対側に、こぶがつけられて、それはおかしな顔のおじいさんになってしまいました。

---

20) かぐら：歌舞伎의 반주 음악의 하나
21) 投げつける：내던지다
22) こすりまわす：문지르다

"이 겁쟁이 영감, 우리들의 얼굴이 그렇게도 이상해?

모처럼의 음악이 엉망이 되어 버렸다.

너 같은 영감은 두 번 다시 보고싶지 않다.

자, 이 혹을 가지고 돌아가라."라고 하며,

좀 전에 영감에게서 뗀 혹을 내던졌습니다.

"우앗."

그 영감은 깜짝 놀라, 볼을 비벼보니,

전부터 있던 혹의 반대쪽에 혹이 붙여져,

그야말로 우스운 얼굴을 한 영감이 되고 말았습니다.

◆ 꼭 알아야 할 常用漢字 付表

読み方	常用漢字	뜻	読み方	常用漢字	뜻
あす	明日	내일	かや	蚊帳	모기장
あずき	小豆	팥	かわせ	為替	환어음
あま	海女	해녀	かわら	河原·川原	모래밭 자갈밭
いおう	硫黄	유황	きのう	昨日	어제
いくじ	意気地	고집, 기개	きょう	今日	오늘
いちげんこじ	一言居士	일언거사	くだもの	果物	과일
いなか	田舎	시골	くろうと	玄人	전문가
いぶき	息吹	숨, 호흡	けさ	今朝	오늘 아침
うなばら	海原	넓고넓은 바다	けしき	景色	경치
うば	乳母	유모	ここち	心地	기분
うわき	浮気	바람기	ことし	今年	금년
うわつく	浮つく	들뜨다	さおとめ	早乙女	소녀, 처녀
えがお	笑顔	웃는 얼굴	ざこ	雑魚	잡어
おかあさん	お母さん	어머니	さじき	桟敷	구경석, 관람석
おじ	叔父·伯父	숙부·백부	さしつかえる	差し支える	지장이 있다
おとうさん	お父さん	아버지	さつきばれ	五月晴れ	5월의 맑은날씨
おとな	大人	어른	さなえ	早苗	볏모
おとめ	乙女	소녀, 처녀	さみだれ	五月雨	장마
おば	叔母·伯母	숙모·백모	しぐれ	時雨	오다 말다 하는비
おまわりさん	お巡さん	순경, 경관	しない	竹刀	죽도
おみき	お神酒	제주, 술	しばふ	芝生	잔디
おもや	母屋·母家	몸채, 안채	しみず	清水	맑은 물
かぐら	神楽	신께드리는 무악	しゃみせん	三味線	사미선
かし	河岸	하안	じゃり	砂利	자갈
かぜ	風邪	감기	じゅず	数珠	염주

열 번째 이야기

10. 猿と熊

　昔々、大むかし、猿[1]のしっぽ[2]はとてもとても長かったのです。それが熊にだまされて[3]、あのような短いしっぽになってしまったのです。

　ある時、猿は熊の家へ訪ねていって、どうしたら、川の魚がたくさん捕れる[4]だろうかと相談しました。

　そうすると、熊が、「今晩のような寒い晩に川の深い所へ行って、岩の上に座って、そのしっぽを水の中へつけて[5]おいてごらん。きっと、いろいろな小さい魚が来て食いつく[6]よ。」と教えてくれました。

　猿は大喜びで、教えてもらったとおりに[7]して待っていると、

---

1) 猿：원숭이

2) しっぽ：꼬리

3) だます：속이다

4) 捕れる：잡히다

5) つける：(물에) 잠그다, 담그다

6) 食い付く：(물고기가 미끼를) 물다

7) 通り：같은 방법・상태대로임(〜대로 〔같이, 듯이〕)

10. 원숭이와
곰

옛날 아주 먼 옛날, 원숭이 꼬리는 굉장히 길었습니다. 곰에게 속은 후로 그렇게 짧아지고 만 것입니다.

어느 날, 원숭이는 곰을 찾아가 어떻게 하면 강에 있는 물고기가 많이 잡힐 수 있을지 상담했습니다.

그러자 곰이,

"오늘밤처럼 추운 밤에 강 깊은 곳으로 가서 바위 위에 앉아 그 꼬리를 물 속에 담겨 봐.

분명 여러 작은 물고기가 물려 들 거야."

라고 가르쳐 주었습니다.

원숭이는 매우 기뻐하며 곰이 알려준 대로 바위 위에 앉아 기다리고 있으니……

夜がふけて8)いくうちに、だんだんとしっぽが重くなりました。それは氷が張って9)きたからですが、猿は魚が来て食いついたのだと思っていました。

「これくらい捕れたら十分10)だ。あんまり11)冷たいから、もう帰ろう。」と思って、しっぽを引き上げ12)ようとしたけれども、どうしても13)抜け14)ません。

これは、たいへんだと大騒ぎをして、無理15)に引っ張った16)ところが17)、そのしっぽが根元18)からぷっつり19)と切れてしまいました。猿の顔の真っ赤20)なのも、その時あまり力を入れて引っ張ったからなのでしょう。

---

8) 更ける : (밤·계절 등이) 깊어지다, 이슥해지다, 한창이다

9) 張る : 퍼져 덮이다 〔얼다〕

10) 十分 : 충분

11) あんまり : 너무, 지나치게

12) 引き上げる : 끌어 올리다

13) どうしても : 《부정어 수반》 아무리 하여도

14) 抜ける : 빠지다, 뽑아지다

15) 無理 : 억지, 무릅쓰고 함

16) 引っ張る : 잡아끌다, 끌어당기다

17) ところが : …(헀)던바, …더니

18) 根元 : 뿌리, 밑

19) ぷっつり : 실 등이 끊어지는 소리 〔모양〕 - 뚝

20) 真っ赤 : 새빨간 모양

밤이 깊어 가는 동안 점점 꼬리가 무거워졌습니다.

그것은 꼬리에 얼음이 얼었기 때문이었는데, 원숭이는 물고기가 와서 물은 것이라고 생각했습니다.

"이 정도 잡으면 충분하겠지.

너무 차가우니까 이만 돌아가야겠어."라고 생각하고 꼬리를 끌어 올리려 했지만 아무리 애를 써 보아도 빠지지 않았습니다.

이거 큰일이라며 소란을 떨며 억지로 잡아당겼더니 꼬리가 뿌리 채 '뚝'하고 끊어져 버리고 말았습니다.

원숭이 얼굴이 새빨간 것도 그 때 너무 힘을 줘서 잡아당겼기 때문일 것입니다.

◆ 日本人의 名字 <일본인의 성씨 베스트 100>

	일 본			성	씨			
1	鈴木	すずき	34	阿部	あべ	67	竹内	たけうち
2	佐藤	さとう	35	和田	わだ	68	原田	はらだ
3	田中	たなか	36	太田	おおた	69	松岡	まつおか
4	山本	やまもと	37	小島	こじま	70	失野	やの
5	渡辺	わたなべ	38	島田	しまだ	71	村上	むらかみ
6	高橋	たかはし	39	遠藤	えんどう	72	安藤	あんどう
7	小林	こばやし	40	田村	たむら	73	西村	にしむら
8	中村	なかむら	41	高木	たかぎ	74	関	せき
9	伊藤	いとう	42	中野	なかの	75	菊池	きくち
10	斉藤	さいとう	43	小山	こやま	76	森田	もりた
11	加藤	かとう	44	野田	のだ	77	上田	うえだ
12	山田	やまだ	45	福田	ふくだ	78	野村	のむら
13	吉田	よしだ	46	大塚	おおつか	79	田辺	たなべ
14	佐々木	ささき	47	岡本	おかもと	80	石田	いしだ
15	井上	いのうえ	48	辻	つじ	81	中山	なかやま
16	木村	きむら	49	横山	よこやま	82	松田	まつだ
17	松本	まつもと	50	後藤	ごとう	83	丸山	まるやま
18	清水	しみず	51	前田	まえだ	84	広瀬	ひろせ
19	林	はやし	52	藤井	ふじい	85	山下	やました
20	山口	やまぐち	53	原	はら	86	久保	くぼ
21	長谷川	はせがわ	54	三浦	みうら	87	松村	まつむら
22	小川	おがわ	55	石井	いしい	88	新井	あらい
23	中島	なかじま	56	小野	おの	89	川上	かわかみ
24	山崎	やまざき	57	片山	かたやま	90	大島	おおしま
25	橋本	はしもと	58	吉村	よしむら	91	野口	のぐち
26	森	もり	59	上野	うえの	92	福島	ふくしま
27	池田	いけだ	60	宮本	みやもと	93	黒田	くろだ
28	石川	いしかわ	61	横田	よこた	94	増田	ますだ
29	内田	うちだ	62	西川	にしかわ	95	今井	いまい
30	岡田	おかだ	63	武田	たけだ	96	桜井	さくらい
31	青木	あおき	64	中川	なかがわ	97	石原	いしはら
32	金子	かねこ	65	北村	きたむら	98	服部	はっとり
33	近藤	こんどう	66	大野	おおの	99	藤原	ふじわら
						100	市川	いちかわ

열한 번째 이야기

笑い話(けち比べ)

わらばなしくら

11. 笑い話(けち比べ)

　昔々、あるところに、けちべえさんと、けちごろうさん
と言う人が、隣りどおしに住んでいました。

　二人とも、その名の通り、辺りでは有名なけちん坊1)でし
た。お負けに2)、昔から大層3)中が悪く、顔を合わせる度に、
どちらがよりけちん坊かということで、争っていました。

　ある日、また二人のけちん坊の、けんかが始まりました。
けちべえさんが、鼻を膨らませて4)、自慢げ5)に言いました。

　「わしはな、梅干し一つで、3日も飯が食える。一日目は、
梅干し6)をじっと7)見て、出てきた唾をお数に飯を

---

1) けちん坊：구두쇠, 노랭이＝しみったれ

2) お負けに：接 게다가, 그 위에＝そのうえに
　　彼は押し出しがいい。 おまけに辯が立つ。
　　(그는 풍채가 좋다. 게다가, 언변이 좋다.)

3) 大層：な形 거창함, 굉장함(～な結婚式：거창한)

4) 膨らます：부풀게 하다, 부풀리다

5) ～気：～한듯, ～스러움

6) 梅干し：매실장아찌

7) じっと：가만히, 물끄러미, 꾹

11. 우스운 이야기

옛날 옛날, 어느 곳에, 왕노랭이와 왕구두쇠라고 하는 사람이 쭉 이웃해서 살고 있었습니다.

두 사람 모두, 이름 그대로 그 부근에서는 유명한 짠돌이였습니다. 게다가, 예전부터 상당히 사이가 나빠서, 얼굴을 마주칠 때마다, 어느 쪽이 더 구두쇠인가로 싸움을 했습니다.

어느 날, 또 구두쇠 두 사람의 싸움이 시작되었습니다. 왕노랭이가 코에 힘을 주며 자랑하듯 말했습니다.

"나는 말일세, 매실장아찌 하나로, 3일이나 밥을 먹을 수 있지. 첫째 날은 매실장아찌를 가만히 보고, 흘러나온 침을 반찬으로 밥을 먹는다네. 둘째 날은, 열매를 먹지.

셋째 날은 씨앗을 갈라서 안의 알맹이를 반찬으로 한단 말이지."

그 말을 듣고, 왕 구두쇠는 흥하고 코방귀를 뀌었습니다.

食う。二日目は、実を食う。3日目は、種を割って、中の天神様をお数(8)にするんじゃ。」

それを聞いて、けじごろうさんは、ふふんと鼻で笑いました。

「あんたの食べ方だと、3日に一個、梅干しが減るわなあ。わしはもっとすごいぞ。竹の筒(9)にしょうゆを入れて、はしを突っ込んでなめながら飯を食うんじゃ。

こうすると、はしについた唾(10)で、しょうゆが増えていく。どうじゃ、食べながら増やすなんて、まねできんじゃろう。」

けちべえさんは、歯ぎしり(11)して悔しがりましたが、歯がすり減ってしまうともったいないので、慌てて(12)やめました。

「よし、見ていろ、けちごろうめ。今度はわしがけち比べに勝ってやる。」

---

8) お数 : 반찬

9) 筒 : 통, 관

10) 唾 : 침＝つばき　～が出る 침이 나오다　～がたれる 침이 흐르다
　　　　～をはく 침을 뱉다　　～を飛ばす 침을 튀기다

11) 歯軋り : 이를 갊(～してやがる : 이를 갈며 분해하다)

12) 慌てる : ①당황하다 ②～てて～する : 서둘러~하다

"자네가 먹는 방법으로 치자면, 3일에 한 개, 매실장아찌가 줄어버린단 말야.

이 몸은 더 대단하지.

대나무 통에 간장을 넣고, 젓가락을 쿡 찍어 핥으면서 밥을 먹는 거야. 이렇게 하면, 젓가락에 묻은 침 때문에 간장이 불어나지. 어때, 먹으면서 불리는 것, 흉내 낼 수 없겠지!"

왕 노랭이는 이를 갈면서 분해했지만, 이가 닳는 것도 아깝기 때문에 서둘러 그만 두었습니다.

"좋다. 두고 봐라.

왕 구두쇠 자식, 다음 번에는 싸움에서 내가 이겨주마."

そこで、けちべえさんは、ある寒い日に、けちごろうさんを呼び出しました13)。「おおさみい、さみい。

こんな冷える14)日に、けちべえさんは何のご用じゃ。

おおい、けちべえさん、お邪魔しますよ。」

けちごろうさんはけちべえさんの家に入ってびっくり仰天15)。

座っている、裸16)のけちべえさんの頭の上に、大きな石がぶら下がっているではありませんか。

お負けに、石を吊して17)いる紐18)は、ぼろぼろで、今にも千切れて19)しまいそうです。

「けちべえさん、何をしておる。危いから早くそこをどけ。紐が切れて、石が頭の上に落ちてきたら、大変なことになるぞ。」

---

13) 呼び出す : 불러내다, 호출하다
14) 冷える : (날씨등이) 차가워지다, 추워지다
15) 仰天 : 깜짝 놀람(びっくり仰天 : 몹시 놀람)
16) 裸 : 알몸, 나체, 발가숭이＝裸体
17) 吊す : 매달다
18) 紐 : 끈
19) 千切れる : 끊기어 떨어지다, 끊어지다

그래서 왕노랭이는 어느 추운 날에 왕노랭이를 불러냈습니다.

"아따, 춥다 추워.

이렇게 추운 날에, 왕노랭이 영감은 무슨 일이지. 이봐, 왕 노랭이, 들어가네"

왕 구두쇠는 왕 노랭이의 집에 들어가더니, 깜짝 놀랐습니다. 벌거벗고 앉아있는 왕 노랭이 영감의 머리 위에 커다란 돌이 매달려 있는 게 아닙니까?

게다가, 돌을 매달고 있는 끈은 달랑달랑해서, 당장이라도 끊어져버릴 것 같습니다.

"이봐, 왕 노랭이. 뭐하는 것인가.

위험하니까, 냉큼 거기서 물러나게.

끈이 끊어져, 돌이 머리 위에 떨어지기라도 한다면, 큰일 난단 말일세."

ところが、けちべえさんは、にやりと20)笑って言いました。

「こうしているとな、いつ石が落ちてくるかと心配で、頭がかっかと21)して汗が出てくる。こんな寒い日でも、火を焚かず22)にすむ、わしの知恵じゃ。

お前さんの家では、今日みたいな寒い日は、火を焚いているじゃろう。ああ、薪がもったいないことじゃ。」

けちごろうさんも、このけち振り23)には、とてもかないません。半分呆れて、半分ムカムカ24)腹を立てながら、帰ろうとしましたが、戸口が暗いので、足元がよく見えませんでした。

「けちべえさん、ちょっと明りを貸してくれんか。」けちごろうさんが頼みましたが、けちべえさんは、

「明りなんてもったいない。お前さんが履いてきた下駄25)で、

---

20) にやりと : 빙그레, 빙긋이, 히죽

21) かっかと : 활활, 이글이글, 화끈화끈

22) 焚く : 불을 때다, 지피다

23) ～振り : 모습, 태도, 상태

24) ムカムカ : ①메슥메슥 ②(～する꼴로) 화가 치밀다

25) 下駄 : 왜나막신

그렇지만, 왕 노랭이 영감은, 빙긋이 웃으며 말했습니다.

"이렇게 하고 있으면 말이지, 언제 돌이 떨어질까봐 걱정되어서 머리가 후끈 달아올라서 땀이 나오지.

이런 추운 날일지라도, 불을 때지 않고 사는 이 몸의 지혜일세.

자네 집에서는, 오늘같이 추운 날은 불을 때고 있겠지.

허허 장작이 아깝지 않는가."

왕 구두쇠 영감도, 이 짠돌이에게는 도저히 당할 수가 없습니다. 반쯤은 질려버리고, 반은 화가 치밀어서, 돌아 가려고 했지만, 문간이 어두워서, 발 밑이 잘 보이지 않았습니다.

"왕 노랭이, 등불 좀 빌려 주지 않겠나?"

왕 구두쇠가 부탁했지만, 왕 노랭이는 등불이라니 아깝잖아,

自分の頭を殴って、自から火を出して、辺りを照らせば[26)]いいじゃろう」と言って、断りました。

けちごろうさんが頭に来て[27)]、「下駄なって、もったいなくて履けるか。裸足[28)]できたんじゃ。」

と言い返すと、「ああ、そうじゃろうと思って、畳が汚れないように、ぜーんぶ引っくり返して[29)]おいたわ。

わははははは。」とやり返されました[30)]。

遣り込め[31)]られたけちごろうさんは、負けを認めて、すごすごと帰りましたとさ。おしまい。

---

26) 照らす : 비추다, 밝히다

27) 頭に来る : 화가 치밀어 오르다

28) 裸足 : 맨발

29) 引っくり返す : 뒤집다, 뒤엎다

30) やり返す : ①다시하다 ②반박하다

31) やり込める : (말로 상대방을) 꼼짝 못하게 하다, 찍소리도 못하다

자네가 신고 온 나막신으로 자네 머리를 때려서, 눈에서 불이 나오게해서 주위를 밝게 하면 되지 않는가?"
하고 거절했습니다.

왕 구두쇠가 화가 치밀어 올라,

"나막신이라니, 아까워서 신을 수 있겠는가?
맨발로 온 걸일세."라고 말을 받자,

"그럴거라고 생각해서, 다다미가 더러워지지 않게 전부 뒤집어 두었지...... 하하하하하."
하고 반박했습니다.

찍소리도 못하게 된 왕 구두쇠는 패배를 인정하고, 터덜터덜 돌아갔다고 합니다.

열두

번째

이야기

頭に柿の木
あたま　かき　　　　き

12. 頭に柿の木

　むかしむかしある村に、与太郎という名前の男がいました。与太郎は、見る人がびっくりするほど、大きな頭をしていました。

　あるとき、与太郎がさんぽしていると、大きなカキの木があって、おいしそうなカキの実がいっぱいなっていました。

「うわあ、こりゃあ、うまそうだ」

　与太郎はするするっと木にのぼると、カキをもいで、がぶがぶ食べはじめました。

「ああ、うまいなあ。うまいなあ」

　与太郎はちょうしにのって食べていましたが、

　だんだんおなかがいっぱいになって、

　ふらふらしてきました。そして、手がカキのしるでヌルヌルになっていたものですから、つるりと手をすべらせて、まっさかさまに木から落ちてしまいました。

　与太郎は頭が大きくて重いものですから、頭からずどーんと地面に落っこちました。いたた、と起き上がったとき、与太郎の頭には、先ほど木の上からはきすてたカキのタネ

が、ぶっすりささっていました。そんなことは知らない与太郎は、

「あいたたた、ひどいめにあったわい。それにしても、カキの食べすぎでのどがかわいたなあ」と、近くの川に水を飲みに行きました。

両手で川の水をすくってごくごくとのんでいると、なにやら頭のてっぺんがむずむずしてきます。なんだろうと思ってさわってみると、おや、頭から小さな木のめがぴょこんと出ているではありませんか。

与太郎はたいそうおどろきましたが、これもなにかのえんだと思って、小さなめにこやしをやったり、水をやったりしてだいじに育てました。

すると木はぐんぐん大きくなり、あっという間にみごとなカキの実をみのらせました。

与太郎の頭のカキは、あまくておいしいとひょうばんになりました。しかも、もいでも、もいでも　実が次々になるのです。

「いやあ、おどろいた。頭のカキで、こんなにおおもうけ

できるなんて、ありがたや、ありがたや」

ところが、おもしろくないのはほかのカキ売りたちです。

「与太郎のせいで、わしらのカ
キがさっぱり売れん。

ここはひとつ、いたい目にあわ
せてやろう」

あるばんのこと、与太郎は他のカキ売りたちにおそわれ
て、頭のカキの木を根元からばっさり切られてしまいまし
た。与太郎はしばらく、めそめそなきくらしていました。

しかし、ある日のこと、また頭がむずむずするので、か
がみにうつして見てみると、カキの木の切りかぶに、キノ
コがわんさとはえていました。

与太郎のキノコはまたひょうばんになり、毎日、たくさ
んの人が買いに来ました。それでもキノコは次々にはえて
きて、なくなることはありませんでした。

「いやあ、おどろいた。頭のキノコで、こんなにおおもう
けできるなんて、ありがたや、ありがたや」

ところが、おもしろくないのはほかのキノコ売りたちです。

「与太郎のせいで、わしらのキノコがさっぱり売れん。こ

こはひとつ、いたい目にあわせてやろう」

　あるばんのこと、与太郎は他のキノコ売りたちにおそわれて、頭の切りかぶをごっそりぬきとられてしまいました。

　与太郎はしばらく、めそめそなきくらしていましたが、ある日のこと、また頭がむずむずするので、かがみにうつして見てみると、切りかぶがぬきとられたあなに水がたまって、コイがおよいでいました。

　与太郎の頭の池はひょうばんになり、毎日たくさんの人がコイをつりに来ました。

　いくらつっても、コイはどこからともなくやってくるので、いなくなることはありませんでした。

　「いやあ、おどろいた。頭の池で、こんなにおおもうけできるなんて、ありがたや、ありがたや」

　今回ばかりは、しょうばいがたきもみんなあきれてしまって、与太郎に悪さするものはいませんでした。

　ところがある日、与太郎は小石にけつまずいて、ころんでしまいました。

　すると頭の池の水がぜんぶこぼれて、コイもいなくなってしまいました。おしまい。

12. 머리 위에 난
감나무

옛날 옛날 어느 마을에 요타로라는 이름을 가진 남자가 있었습니다. 요타로는 보는 사람이 놀랄 정도로 머리가 큰 남자였습니다.

어느 날, 요타로가 산책을 하다가 커다란 감나무에 맛있을 것 같은 감이 많이 열려 있는 것을 보았습니다.

「와아, 이거야 맛있겠다.」

요타로는 능숙하게 나무에 올라가 감을 따서 냠냠 먹기 시작했습니다.

「아아, 맛있다. 맛있어.」

요타로는 천천히 먹었지만, 점점 배가 불러서 비틀비틀 거렸습니다. 그리고 손이 감즙으로 인해서 감나무에서 스르르 미끄러져서 갑자기 나무에서 떨어져버렸습니다. 요타로는 머리가 크고 무거웠기 때문에 머리부터 꽝하고 땅바닥에 부딪쳤습니다.

아야야 아프다 아파하면서 일어섰을 때 요타로의 머리에는 조금 전 감나무 위에서 먹고 버린 감나무 씨가 박혀버렸습니다. 그런 사실을 모르는 요타로는 「아아, 아프다 지독하군. 그러면서도 감을 너무 많이 먹어서 목이 마르네」하면서, 근처의 냇가로 물을 마시러 갔습니다.

양손으로 강물을 떠서 꿀꺽꿀꺽 마시고 있는데 왠지 머리꼭대기가 근질근질 하였습니다.

뭘까? 하고 만져보니 뭐야 이거 머리에서 작은 나뭇잎이 나와 있지 않은가!

요타로는 깜짝 놀랐지만, 이것도 뭔가 인연이라고 생각하고 조그만 싹에 비료를 하고, 물을 주고 하여 소중히 키웠습니다.

그러자 나무는 무럭무럭 점점 커져서 눈 깜짝 할 사이에 곧바로 멋진 감이 열렸습니다.

요타로 머리위의 감은 달고 맛있다는 소문이 났습니다.

게다가 따고 또 따내어도 감이 계속 열리는 것이었습니다.

「야 놀랍다! 머리위의 감나무에서 이렇게 많은 감을 따다니 고맙군 고마워!」

그런데 재미없는 사람은 다른 감 판매자들 이었습니다.

「요타로 때문에 우리들의 감이 전혀 안 팔리잖아 이거야말로 모두 힘을 합해 혼내 주자!」

어느 날 밤이었습니다.

요타로는 다른 감 장사들의 습격을 받아서 머리위의 감나무가 뿌리부터 싹뚝 잘려버렸습니다.

요타로는 얼마 동안 훌쩍 훌쩍 울며 지냈습니다.

　그러나 어느 날 또 머리가 근지 근질 하여서 거울에 비추어보니 감나무의 잘린 곳에서 팽이 버섯이 듬뿍 자라 있었습니다.

　요타로 머리위의 팽이버섯은 또 소문이 나서 매일 많은 사람들이 사러왔습니다.

　그래도 팽이버섯은 계속해서 나와서 없어지지 않았습니다.

　「야 놀랍다 머리위의 팽이버섯으로 이렇게 돈을 많이 벌다니 고맙다 고마워!」

　그런데 즐겁지 않는 사람은 다른 팽이버섯 장사들이었습니다.

　「요타로 때문에 우리들의 팽이버섯은 하나도 안 팔리잖아! 이거야말로 모두 힘을 합해 혼내 주자!」

　어느 날 밤의 일이었습니다.

　요타로는 다른 팽이버섯 장사들의 습격을 받아서 머리위의 팽이버섯 그루터기를 몽땅 뽑혀버렸습니다. 요타로는 얼마동안 훌쩍 훌쩍 울며 지냈습니다만, 어느 날 또 머리가 근질근질 하여서 거울에 비추어보니 팽이버섯 그루터기가 뽑힌 곳에 물이 고여서 잉어가 놀고 있었습니다.

　요타로의 머리위의 연못은 또 소문이 나서 매일 많은 사람들이 잉어를 낚으러 왔습니다.

　아무리 잉어를 낚아 내어도 잉어는 어디에서 오는지 모

르지만 없어지질 않았습니다.

「야 놀랍다 머리의 연못에서 이렇게 많은 돈을 벌다니 고맙다 고마워!」

이번에는 장사꾼들도 모두 포기하고 요타로에게 나쁜 짓을 하지 않았습니다. 그런데 어느 날, 요타로는 자갈돌에 발이 걸려 넘어져 버렸습니다.

그러자 머리 위의 연못에 있는 물이 전부 넘쳐흘러서 잉어도 없어져 버렸습니다.   -끝-

◈ 시험에 자주 나오는 일본의 속담

- 菁は藍より出(い)でて藍より菁し

  (청색은 쪽에서 나왔는데 쪽보다 더 푸르다)

- 明日の百より今日の五十 (내일의 백보다 오늘의 오십)

- いかきに小便　　　　　(대소쿠리에 오줌 누기)

- 医者の不養生　　　　　(의사의 불섭생)

- 衣食足りて礼節を知る

  (의식이 충족되고 나서 예절을 차릴 줄 안다.)

- 一文惜しみの百知らず　(한 푼은 아끼면서 백을 모른다.)

- 馬の耳に念仏　　　　　(말의 귀에 염불)

- 売り言葉に買い言葉　(파는 말에 사는 말)

- 噂をすれば影がさす　(남의 이야기를 하면 그 사람이 온다)

- 溺れる者は藁をも摑む　(물에 빠진 자는 짚이라도 잡는다.)

- 思い立ったが吉日　　(생각이 났을 때가 길일)

- 思う念力岩をも通す　(마음을 집중하면 바위라도 뚫는다.)

- 恩を仇で返す　　　　　(은혜를 원수로 갚다)

- 蛙の子は蛙　　　　　　(개구리 새끼는 개구리)

- 金は天下の回りもの　　(돈이란 돌고 도는 것)

- 禍福は糾える縄の如し　(화와 복은 꼬인 새끼줄과 같다)

- 壁に耳あり障子に目あり　(벽에 귀가 있고 장지에 눈이 있다)

- 空馬に怪我なし　　　　(빈 말은 다치지 않는다)

- かわいい子には旅をさせよ　(귀여운 자식은 여행을 보내라)

- きたなく稼いで清く使え　(더럽게 벌어서 깨끗하게 써라)

- 窮鼠猫を噛む　　　　　(궁한 쥐가 고양이를 문다)

- 今日の一針明日の十針　(오늘의 한 바늘, 내일의 열 바늘)

- 腐っても鯛　　　　　　(썩어도 도미)

- 苦しい時の神頼み　　　(괴로울 때 신령 찾기)

- 群盲象を評す　　　　　(여러 장님이 코끼리를 평하다)

- 好事魔多し　　　　　　(호사다마)

제 2 장
일본의 대표적인 전래동화(응용편)

열세 번째 이야기

ねずみの嫁入り

むかし、ある村に、ねずみの娘がいました。

娘には、ひそかに思いをよせる、ねずみの青年がおりました。

そんな娘の気持も知らず、ねずみの両親は娘をだれの嫁にしようかと考えていました。

「この世でもっとも力のあるおかたの嫁にしたいものだ。」

まず太陽さまにたずねました。

「お太陽さま、あなたさまを、この世で一番えらいと見こんで、お願いがございます。わたしどもの自慢の娘を、嫁にもらっていただきたいのです。」

「しかしな、ねずみさん。わしよりも力のあるものは、ほかにあるよ。」

「雲よ。雲にはわしはまける。雲は、わしのすがたをかくしてしまうであろう。」

言い終わらないうちに、お太陽さまは、雲にすっぽりかくれてしまいました。そこで、ねずみの両親は、雲に頼みました。

「いやいや、わたしは、風には負けてしまいます。」

雲はあっという間に、風に吹き飛ばされ、遠くへいって

しまいました。どうやら風は、ねずみたちのうわさを聞き
つけてきたようです。ねずみの両親を見るなり、

「わたしに頼むのは、考え違いですよ。壁に頼むとよいで
しょう。わたしがどんなに力を出して吹いても、壁はびく
ともしませんからね。」

しかし、壁はこう言うのです。

「なんだろう。ぼくをからかっているのか。この世で一番
えらいのは、きみたちねずみじゃないか。」

「ぼくのおなかにあいた穴を見てごらん。これはねずみに
かじられたものだよ。」

「そうか、そうだったのか。」

村にひき換えし、娘に、壁から聞いたことばを伝えまし
た。こうして、美しいねずみの娘は、思いをよせるねずみ
の青年の元へ、ようやく、嫁入りすることになりました。
そして、いつまでも
しあわせに暮らしま
した。

열네 번째 이야기

うば捨て山

　むかし、ある村に乱暴な殿さまがおりました。　殿さまは年寄りをきらい、役立たずだと決めつけ、六十才をこえた年寄りをみな、山へ捨ててくるようにという、「うば捨て」の命令を出しました。

　命令をやぶると、重い罰をうけることになります。

　ある日、若者は六十になった母親をおんぶして、山へ向かいました。

　山のおく深くへ進んでいく道のとちゅうで、母親は、松のえだを折っていきます。若者がわけを聞くと、

　「おまえが、帰り道を迷わないように、しるしをつけておくのだよ。」

　と、言いました。　それを聞いた息子は、

　「こんなにやさしい、むすこ思いの母親を捨てようとしていたなんて、自分は、なんとおろかなことをしようとしていたんだろう。」

　と、思い母親をおんぶしたままで、来た道をひき返し家にもどりました。けれども、母親のすがたが、人目にふれてはなりません。

　若者は、母親を屋根うらにかくすことにしました。

殿さまに知られることなく一年がすぎました。

そんなある日、殿さまから、「灰で、なわをなって持って来い」というおふれが出ました。若者が母親に相談すると、

「わらでかたくなわをなって、塩水につけ、板の上で燃やすといい。」

と教えてくれました。

その通りにして、若者が殿さまに献上すると、たいへんほめられました。

殿さまのおふれどおりのものを若者が持っていくと、

「これまた、みごとじゃ。ほうびをとらせよう。」

若者は、これまでのことを、正直に殿さまに打ち明けました。

「ほうびはなにもいりません。そのかわり、母親といっしょにくらすことをおゆるしください。」

若者の話を聞いて、殿さまは、年寄りの知恵にたいそう感心し、年寄りを大事にした。若者の願いをみとめ、山に捨てた年寄りを呼び戻し、うば捨てのおふれをやめました。そうして、年をとってもしあわせにくらせる国をつくりました。

열다섯
번째
이야기

かぐやひめ

むかしある村に、おじいさんとおばあさんがなかよく暮らしていました。

ある日、おじいさんが山へいくと一本の竹が光りかがやいていました。おじいさんが、その竹を割ると、竹の中に美しくかがやく女の子がいました。おじいさんはそっと家に連れて帰ると、おばあさんも大喜びでした。子供がいないわしらに神様がくださいました。

こうして大切に育てられ、女の子はすこやかに成長しました。

美しくかがやく娘を、「かぐやひめ」と呼びました。そして、たくさんの若者が結婚を申し込みました。

そこでかぐやひめは、その男たちに次のような条件を出しました。

「わたしののぞむものを持ってきてくださったかたの元へ、お嫁にいきましょう。」

かぐやひめがのぞんだものは、つばめのかいがら、竜の光る目玉といった不思議なものでした。およそ、この世にはありそうもないものばか

りです。男たちは、にせものを次々に持ってきました。

　日ごとに大きくなる月を見上げて、かぐやひめは悲しげです。

　わけを聞くと、

　「実は、わたしは月の国の者なのです。秋の十五夜には月にもどらなければなりません。」

　いよいよ十五夜の日。おじいさんの家では、弓矢を持ったおとのさまたちが待ちかまえます。ところが矢は光の中に入るとき消えてしまいました。

　何もできません。かぐやひめは、

　「おじいさん、おばあさん、お元気でね。このご恩は忘れることはないでしょう。」

　と言いのこし、月の光のなかに消えてしまいました。

　それで二人は満月の夜には月を見てひめを思い出しました。

열여섯 번째 이야기

ぶんぶく茶がま

　むかし、ある寺のおしょうさんが、古い茶がまを見かけ買って帰りました。ある日、お坊さんたちが大あわてで、おしょうさんに言いました。

　「おしょうさん、たいへんです。床の間においてある茶がまがむくむく動きましたよ。お部屋の中を歩きました。」と言いました。

　「そんなはずがない。ばかなことを言うな。」とおこりました。

　次の日、お茶が飲みたくなったおしょうさんは、茶がまでお湯を沸かそうとしました。ところが火にかけた時、茶がまから手足としっぽ、頭が出てきたのです。

　おしょうはおどろき、さっさとくず屋に売りはらってしまいました。

　くず屋は茶がまを家に持ち帰り、そばにおいたまま寝ていました。

　すると、茶がまから、

　「わたしは、たぬきでございます。茶がまに変身したのです。しばらくここにおいていただけませんか。きっと、お役に立つと思います。」

　くず屋は、たぬきの願いを聞きいれ、家においてやることにしました。

　そして、たぬきに芸をさせました。

　客は大喜び。　小屋は連日、大入り満員となりました。

　おかげで、くず屋は大金持ちになりました。くず屋はたぬきをねぎらって、もうけたお金を半分わけてやりました。そして、

　「おまえもこれからは、ゆっくり休むといいよ。どうか、お寺の床の間で、ゆっくりさせてやってください。」

　くず屋の頼みを聞いて、おしょうさんは、床の間に茶がまを飾りました。安心した茶がまは、二度とたぬきの姿をあらわすことなく、「文福茶がま」と呼ばれ、お寺の宝物になってだいじにされたと伝わっている。

열일곱

번째

이야기

かちかち山

　むかし、ある山の中に悪いたぬきがすんでいて、悪いことばかりをするので、おじいさんとおばあさんは、こまりました。

　そこで、わなをしかけてたぬきをつかまえ、たぬき汁にして食べることにしました。

　「や‐たぬき、もうがまんできない。」

　とらえたたぬきをなわでしばりあげてから、おじいさんは仕事に出かけて行きました。おばあさんが、きねで粉をついていると、たぬきはおばあさんに話しかけました。

　「ばあさん、おれが手伝ってやろうか。」

　気のいいおばあさんが、手伝ってもらうために、たぬきのなわをほどいてやりました。そのときです。おばあさんをなぐり、山へ逃げ帰ってしまいました。このことを知って、日ごろから、おじいさんとおばあさんにかわいがられていたうさぎは、たぬきをこらしめてやろうと考えました。

　そのあくる日うさぎは、たぬきをさそいました。

　たきぎを背負ったたぬきに、うさぎは火をつけました。

　「火事だ。」

　たぬきの背中は火だるまになってしまいました。あくる日、

うさぎが、大やけどを負ったたぬきを見舞いにいきました。

「これは、やけどによく効く薬だよ。」

「それわたしにくれないか。」

唐辛子を混ぜたみそをぬりこみました。たぬきは、あまりの痛さに、ひいひい泣きました。

しばらくして、うさぎは、たぬきを川遊びにさそいました。うさぎは、木の船に乗ると、みかけにだまされたたぬきが、泥の船に乗っていると、しだいに泥がとけ、船は沈んでいきました。

「助けてくれ。」

そのうち、たぬきもいっしょにおぼれ死んでしまい、おじいさんとおばあさんは幸せにくらしました。

열여덟
번째
이야기

はな
花さがじいさん

　むかしある所に心やさしいおじいさんとおばあさんが住んでいました。二人は子供がないので犬を拾い、たいそうかわいがっていました。

　ある日、しきりにほえる犬のあとをついて、おじいさんは、うら山にいってみました。犬はある場所に立ち止まって、前より大きな声でワンワンほえています。

　「何だな。」

　不思議に思ったおじいさんが、そこを掘ってみると、地面からお金がたくさん出てきました。

　その様子を見ていた、となりに住む欲の深いじいさんは、心やさしいおじいさんに、犬を貸してくれるよう頼みました。欲深いじいさんは、借りた犬をせきたてるようにたたきながら、

　「それ、わしにも、宝の埋まっている場所をおしえてくれ。」

と、どなりました。しかたなく思った犬は、欲深いじいさんをうら山に連れていってほえました。けれども、そこを掘り起こしても、出てきたものは、茶わんやお皿のかけらだけ。

　宝物が出てこないことにおこった欲深いじいさんは、な

んと犬を殺してしまいました。

　それを知った心やさしいおじいさんは、たいへん悲しみ、犬のお墓をつくってあげました。お墓には、小さな木の枝をさしました。

　「妙なことだ。これは、昨日さした小枝のはずだ。」

　おじいさんは、犬の供養になるかもしれないと、その木を切って、うすをこしらえました。そのうすでおもちをつくと、中からまたお金がたくさん出てきてお金持ちになりました。

부록
면접과 각종 시험에
자주 나오는 중요문제

◈ 면접시험에 자주 나오는 중요문제

1. 今度の試験を受けた動機は何ですか。

2. 学生時代の思い出として、残っていることは何ですか。

3. 日本語で簡単に自己紹介をしてみなさい。

4. あなたの趣味や長所について話してください。

5. あなたが好きなスポーツは何ですか。

6. あなたが尊敬している人物はどなたですか。

7. あなたの生活信条は何ですか。

8. あなたの日本人の友達にたいして、韓国を紹介しなさい。

9. 済州道について説明してみなさい。

10. ソウルの南大門市場について説明してみなさい。

11. あなたの性格について説明してみなさい。

12. あなたの将来の計画について説明してみなさい。

13. あなたが一番関心を持っていることは何ですか。

1. 시험에 자주 출제되는 동음이의어(同音異義語) 1

あう	合う	会う	逢う		**かんこく**	韓国	勧告		
あける	明ける	開ける	空ける		**かんし**	漢詩	監視	冠詞	干支
あげる	上げる	揚げる	挙げる		**かんしょう**	観賞	完勝	鑑賞	
あつい	暑い	熱い	厚い		**かんじょう**	感情	勘定		
あらわす	表す	現す			**かんせい**	完成	歓声	感性	
いこう	移行	意向	以降		**かんそう**	感想	乾燥		
いし	医師	意思	意志	石	**かんりょう**	完了	官僚		
いじ	維持	意地			**きかい**	機械	機会	器械	
いじょう	以上	異常	異状		**きかん**	期間	機関	器官	帰還
いっさい	一切	一歳			**きげん**	期限	機嫌	起源	
いらい	以来	依頼			**きゅうこう**	急行	休講	休校	
うつす	移す	写す	映す		**きょうかい**	協会	教会	境界	
おかす	犯す	侵す	冒す		**きょうちょう**	強調	協調		
おさめる	収める	納める	治める		**きょうどう**	共同	協同		
かいせつ	解説	開設			**けいい**	敬意	経緯		
かいてん	回転	開店			**けいたい**	形態	携帯		
かいろ	回路	海路			**こうえん**	公園	講演	講演	後援
かえる	賛える	代える	変える		**こうかい**	航海	後悔		
がっき	楽器	学期			**こうぎょう**	工業	鉱業		
かてい	過程	家庭	仮定		**こうこう**	高校	孝行		

こうこく	広告	公告			**しりつ**	私立	市立	
こうしゅう	公衆	講習			**じんこう**	人口	人工	
こうそく	高速	拘束			**せいき**	世紀	正規	
こうふく	幸福	降伏			**せいし**	静止	生死	
さす	差す	挿す	指す		**せんこう**	選考	専攻	先行
しかく	資格	四角	視覚		**せんたく**	選択	洗濯	
しき	四季	指揮			**そうさ**	操作	捜査	
じこ	自己	事故			**たいけい**	体系	体型	大系	体形
しこう	志向	思考	指向	施行	**たいしょう**	対象	対照	対称
じしん	自身	自信	地震		**てんかい**	展開	転回	
してん	支店	視点			**どうし**	同士	動詞	同志
じてん	時点	事典	辞典	字典	**どうよう**	同様	童謡	
じどう	自動	児童			**はいけい**	拝啓	背景	
しゅうかん	習慣	週間	週刊		**ひなん**	避難	非難	
じゅうぶん	十分	充分			**ほうさく**	方策	豊作	
しゅし	主旨	趣旨	種子		**ほうそう**	放送	包装	
しょうがい	障害	生涯			**ゆうこう**	有効	友好	遊行
しょうてん	焦点	商店			**ようし**	用紙	養子	
しょうにん	承認	証人			**ようじ**	用事	幼児	
じょし	女子	女史	助詞		**ようせい**	養成	要請	

2. 시험에 자주 출제되는 동음이의어(同音異義語) 2

いぎ	異議 意義	**いけん**	意見 異見	**いし**	意志 意思 遺志	**いじょう** 異常 以上 異状
かいとう	回答 解答 快投	**かいほう**	解放 開放 快報	**かてい**	過程 課程	**かんしん** 関心 感心 歓心
きこう	紀行 機構 気候	**きせい**	規制 帰省 規正 期成	**けいせい**	形成 形勢	**こうい** 厚意 好意
じき	時期 時季 時機	**しこう**	思考 試行 志向 施行 施工	**しざい**	資材 私財 資財	**しゅうりょう** 終了 修了
しんにゅう	進入 侵入 浸入	**せいちょう**	成長 生長	**せいりょく**	勢力 精力	**たいせい** 体制 体勢 態勢
へいこう	平行 平衡 閉校 閉講	**ほしょう**	保証 補償 保障	**めいかい**	明快 明解 冥界	**ゆうせい** 優勢 優性 優生

3. 시험에 자주 출제되는 동훈이의어(同訓異義語) 1

あう	人に会う 話が合う 事故に遭う	**あける**	夜が明ける 家を空ける 窓を開ける
あげる	腕前を上げる 花火を揚げる 犯人を挙げる	**あたい**	価が高い品 称賛に値する
あつい	厚い布地 熱いふろ 暑い夏	**あてる**	矢を的に当てる 漢字に訓を充てる
あと	後に残る 跡を残さない	**あぶら**	油に水 脂が乗る
あやまる	解答を誤る 友人に謝る	**あらい**	波が荒い 網の目が粗い
あらわす	図式で表す 姿を現す 本を著す	**いたむ**	心が痛む 家が傷む 死を悼む
いる	的に弓を射る 鐘を鋳る	**うえる**	木を植える 知識に飢える
うれい	愁いに沈む 憂いがない	**おう**	背中に負う ボールを追う
おかす	権利を侵す 危険を冒す 罪を犯す	**おくる**	駅まで送る 記念品を贈る
おくれる	時間に遅れる 後れを取る	**おさめる**	税金を納める 成果を収める 国を治める 学問を修める

おこる	さわぎが起る 産業が興る	おす	車を押す 会長に推す
おどる	心が躍る ダンスを踊る	おもて	紙の表 面を伏せる
かえりみる	過去を顧みる 自らを省る	かう	恨みを買う 小鳥を飼う
かおる	茶の香り 風薫る(훈풍이 불다)	かかる	迷惑が掛かる 賞金が懸かる 橋が架かる
きわまる	進退窮まる 不都合極まる	きわめる	栄華を極める 学問を究める
こうど	ひこうきの高度は高い 電球の光度は100ワットだ	さく	布を引き裂く 時間を割く
しずめる	気を静める 反乱を鎮める 船を沈める	とうとい	尊い神 貴い人命
とく	結び目を解く 絵の具を溶く	はえ	夕映えが美しい 栄えある勝利
ふける	夜が更ける 老けて見える	ふるう	身震いがする 力を奮う
ほる	胸像を彫る 池を掘る	わかい	若い世代。 敵と和解する。

4. 시험에 자주 출제되는 동훈이의어(同訓異義語) 2

あう	合う	計算が合う。	계산이 맞다.
	会う	人に会いに行く。	사람을 만나러 간다.
あがる	上がる	地位が上がる。	지위가 오르다.
	揚がる	歓声が揚がる。	환성이 오르다.
あく・あける	明く・明ける	夜が明ける。	날이 새다.
	空く・空ける	席が空く。	자리가 비다.
	開く・開ける	窓を開ける。	창을 열다.
あつい	暑い	今年の夏は暑い。	올해 여름은 덥다.
	熱い	熱い湯。	뜨거운 물.
	厚い	厚い壁で隔てる。	두꺼운 벽으로 가로막다.
あやまる	誤る	誤りを見つける。	실수를 발견하다.
	謝る	謝って済ます。	사과하여 해결하다.
あらわす	表す	ことばに表す。	말로 표현하다.
	現す	姿を現す。	모습을 나타내다.
	著す	書物を著す。	책을 저술하다.
あわせる	合わせる	時計を合わせる。	시계를 맞추다.
	併せる	二つの会社を併せる。	두개의 회사를 합치다.
うつ	打つ	くぎを打つ。	못을 박다.
	撃つ	鉄砲を撃つ。	총포를 쏘다.
うつす	写す	写真を写す。	사진을 찍다.
	映す	鏡に姿を映す。	거울에 모습을 비추다.
うむ	生む・生まれた	東京て生まれた。	도쿄에서 태어났다.
	産む・産まれた	卵を産み付ける。	알을 슬다.

える	得る	勝利を得る。	승리를 얻다.
	獲る	猟で熊を獲る。	사냥으로 곰을 잡다.
おかす	犯す	過ちを犯す。	잘못을 저지르다.
	侵す	権利を侵す。	권리를 침해하다.
	冒す	危険を冒す。	위험을 무릅쓰다.
おくる	送る	荷物を送る。	짐을 보내다.
	贈る	感謝状を贈る。	감사장을 보내다.
おさまる	収まる	博物館に収まる。	박물관에 보관하다.
	納まる	品物が納まる。	물품이 납품되다.
	治まる	痛みが治まる。	통증이 가라앉다.
	修まる	身持ちが修まらない。	몸가짐이 바르지 않다.
おりる	降りる	電車を降りる。	전차에서 내리다.
	下りる	幕が下りる。	막이 내리다.
かえる	変える	観点を変える。	관점을 바꾸다.
	換える	物を金に換える。	물건을 돈으로 교환.
	替える	振り替える。	대체계정으로 하다.
	代える	書面をもってあいさつに代える。	
		서면으로 인사를 대신하다.	
きく	聞く	物音を聞いた。	소리를 들었다.
	聴く	音楽を聴く。	음악을 귀기울여 듣다.
	効く	薬が効く。	약이 효과가 있다.
	利く	機転が利く。	재치가 있다.
さがす	捜す	犯人を捜す。	범인을 찾다.
	探す	あらを探す。	흠을 찾다.
さす	差す	腰に刀を差す。	허리에 칼을 차다.

	指す	指し示す。	지시하다.
	刺す	人を刺す。	사람을 찌르다.
しまる	締まる	ひもが締まる。	끈이 죄어지다.
	絞まる	首が絞まる。	목이 졸라지다.
	閉まる	戸がしまる。	문이 닫히다.
すすめる	進める	前へ進める。	앞으로 나아가다.
	勧める	入会を勧める。	입회를 권유하다.
	薦める	候補者として薦める。	후보자로 추천하다.
たずねる	尋ねる	道を尋ねる。	길을 묻다.
	訪ねる	知人を訪ねる。	지인을 방문하다.
たつ	断つ	退路を断つ。	퇴로를 끊다.
	絶つ	命を絶つ。	목숨을 끊다.
	裁つ	生地を裁つ。	옷감을 재단하다.
つく	付く	利息が付く	이자가 붙다.
	着く	席に着く。	자리에 앉다.
	就く	職に就く。	직위에 취임하다.
つとめる	努める	完成に努める。	완성에 힘쓰다.
	勤める	会社に勤める。	회사에 근무하다.
	務める	議長を務める。	의장을 맡다.
ととのう	整う	整った文章。	정돈된 문장.
	調う	資金が調う。	자금이 마련되다.
とまる	止まる	交通が止まる。	교통이 정지되다.
	留まる	鳥が木の枝に留まる。	새가 나뭇가지에 앉다.
	泊まる	船が港に泊まる。	배가 항구에 정박하다.

とる	取る	手に取る。	손에 쥐다.
	採る	血を採る。	피를 뽑다.
	執る	事務を執る。	사무를 보다.
	捕る	ねずみを捕る。	쥐를 잡다.
	撮る	写真を撮る。	사진을 찍다.
なおす	直す	機械を直す。	기계를 고치다.
	治す	風邪を治す。	감기를 치료하다.
はかる	図る	解決を図る。	해결을 꾀하다.
	計る	時間を計る。	시간을 재다.
	測る	距離を測る。	거리를 재다.
	量る	目方を量る。	무게를 재다.
はなす	離す	つなぎ目を離す。	이음매를 풀다.
	放す	鳥を放す。	새를 놓아주다.
	話す	おもしろおかしく話す。 재미있고 우습게 얘기한다.	
はやい	早い	時期が早い。	시기가 빠르다.
	速い	流れが速い。	흐름이 빠르다.

편저약력

金人炫 博士

일본의 明治大学大学院, 慶応義塾大学大学院, 東京学芸大学大学院,
広島大学大学院 등에서 10년 동안 留学, 日本政府 문부성 奨学生
日本国立 広島大学大学院에서 日本語教育学 博士学位 받음.
広島大学 客員教授, 広島中央女子短期大学 講師역임
사법시험, 고등고시, 유학시험, 공무원승진시험, 각종 일본어시험 출제위원.
한국일본어문학회이사, 한국일본문화학회이사, 한국일본어교육학회이사
현재 朝鮮大学校 外国語大学 学部長, 副学長, 副院長역임.

　　　日本語科 学科長, 教授

金政丘 博士

일본의 明治大学大学院과 広島大学大学院에서 10년 동안 留学.
日本国立 広島大学大学院에서 政治学博士学位 받음.
각종시험 출제위원, 한국정치학회, 한국동북아학회이사
현재 東新大学校 人文社会科学大学 語文学部 学科長, 学部長역임. 教授

日本의 옛날 이야기
18편을 1시간에 읽는다!

초판인쇄 2007년 1월 20일 | 초판발행 2007년 1월 30일
편저 김인현 · 김정구 | **발행** 제이앤씨 | **등록** 제7-220호

132-040
서울시 도봉구 창동 624-1 현대홈시티 102-1206
TEL (02)992-3253 | FAX (02)991-1285
e-mail, jncbook@hanmail.net | URL http://www.jncbook.co.kr

ISBN 978-89-5668-467-3 03730 | 정 가 9,500원